Rafael Ayala & Camilo Cruz

EL VIAJE

Siete pasos para diseñar
y disfrutar una vida con propósito

TALLER DEL ÉXITO

EL VIAJE

Taller del Éxito Inc.
1669 N.W. 144 Terrace, Suite 210
Sunrise, Florida 33323
Estados Unidos

Editorial dedicada a la difusión de libros y audiolibros de desarrollo personal,
crecimiento personal, liderazgo y motivación.

ISBN: 1-931059-75-6

Printed in the United States of America

Primera edición, 2007
Primera reimpresión, Mayo de 2008

Índice

Introducción

Vida

Muy cerca de mi ocaso, ¡yo te bendigo, Vida!
Porque nunca me diste ni esperanza fallida
ni trabajos injustos, ni pena inmerecida.
Porque veo al final de mi rudo camino:
que yo fui el arquitecto de mi propio destino;
que si extraje las mieles o la hiel de las cosas
fue porque en ellas puse hiel o mieles sabrosas:
cuando planté rosales siempre coseché rosas.

Cierto: a mis lozanías va a seguir el invierno;
¡mas tú no me dijiste que mayo fuese eterno!

Hallé sin duda, largas las noches de mis penas;
¡mas no me prometiste tú sólo noches buenas!
Y en cambio tuve algunas santamente serenas.
Amé. Fui amado. El sol acarició mi faz.

Vida: Nada me debes.
Vida: Estamos en paz.

—Amado Nervo -

El viaje de la vida

El gran escritor argentino, y premio Nobel de literatura, Jorge Luis Borges, solía decir que las grandes metáforas literarias eran aquéllas que describían ideas esenciales en la vida del ser humano. El pensar en la vida como en un viaje, es una de esas ideas esenciales con la cual todos podemos identificarnos. La vida —refiriéndonos a nuestro paso por este mundo— es indudablemente un viaje; un recorrido que comienza el día de nuestro nacimiento y se prolonga hasta el día de nuestra muerte.

En cierta ocasión un conferencista empezó su presentación ante una audiencia con las siguientes palabras: "A pesar de las diferencias en edades, sexo, costumbres, creencias religiosas y procedencia de todos los que nos encontramos en este auditorio, hay por lo menos una cosa que absolutamente todos nosotros tenemos en común, en cien años todos habremos muerto".

Esta observación pretendía dejar lo suficientemente claro una de las más importantes ideas sobre nuestro paso por la vida, el hecho de que este viaje dentro de los confines del planeta tiene un fin, no es infinito.

Sin embargo, para la gran mayoría de los seres humanos, su preocupación más grande acerca de esta travesía no tiene que ver con su finitud –todos aceptamos que un día moriremos—, sino con el significado que su vida haya tenido. Así no seamos concientes de ello, los seres humanos nos sentimos retados por la idea de aprovechar nuestro potencial a plenitud, vivir una vida con propósito y dejar este mundo un poco mejor de lo que lo hemos encontrado.

Como autores, cuando nos reunimos por primera vez a hablar sobre escribir este libro, había dos elementos que los dos teníamos muy claros y sobre los cuales estábamos en total acuerdo: Primero, que si el destino final es el mismo –y es inalterable—, entonces lo verdaderamente relevante es la decisión sobre la manera como queremos realizar dicho viaje. Segundo, que el tiempo que pasaremos en la eternidad es mucho más importante que la brevedad de nuestro paso por el mundo. Sin embargo, dónde y cómo pasemos esa eternidad depende de lo que decidamos hacer aquí y ahora.

En nuestro interior hay un ferviente deseo de aprovechar al máximo el viaje por esta vida y por invitarle a que también su travesía esté llena de sentido y satisfacción. Por esta razón siempre debemos preguntarnos qué significado queremos darle a nuestra vida, ¿cuál es nuestra misión personal de vida? ¿Qué podemos hacer para diseñar una vida con propósito?

Como bien dice Amado Nervo, todos somos arquitectos de nuestro propio destino. Todos cosechamos el tipo de vida que hemos ido tejiendo con nuestras decisiones, o indecisiones, diarias. Es claro que siempre llegaremos al lugar que, consciente o inconscientemente, hayamos elegido como destino. Si dicho lugar es el resultado de una decisión consciente y deliberada, nuestro viaje nos traerá grandes satisfacciones. De otro lado, si no planeamos nuestro viaje es muy posible que terminemos en un lugar al cual nunca quisimos llegar.

Tristemente, muchas personas delegan la importante tarea de determinar su propio destino a la suerte, las circunstancias o a otras personas. ¡Tenga cuidado! Si no toma el tiempo para decidir hacia donde va no se queje del lugar donde ha llegado, ya que ha sido su decisión.

Sin embargo, nuestro viaje no tiene por qué ser así. Hoy mismo podemos corregir el rumbo. Hay esperanza para todos aquellos viajeros deseosos de vivir una vida con propósito. Sobran los ejemplos de personas que retomaron el camino, inclusive en una edad en la que otros creían que no era posible hacerlo. La vida es generosa con aquéllos que se atreven a tomar el timón de su embarcación.

Así que, bienvenido a este hermoso viaje de auto descubrimiento. Le invitamos a descubrir la grandeza de su ser interior y las oportunidades que se encuentran a su alrededor, bajo la perspectiva de la libertad, la responsabilidad, la esperanza y la posibilidad. Tome su brújula, desempolve los mapas, y emprenda con nosotros esta aventura. Estamos totalmente convencidos que los siete pasos que encontrará a continuación le ayudarán a diseñar y disfrutar una vida con propósito.

Con nuestros mejores deseos para su vida,

Los autores.

Primer Paso:
Defina el destino y el propósito de su viaje

*"Y el Señor me respondió y dijo:
Escribe la visión, y declárala en tablas,
para que corra el que leyere en ella.
Aunque la visión tardará aún por un
tiempo, mas se apresura hacia el fin, y no
mentirá; aunque tardare, espéralo, porque
sin duda vendrá, no tardará".*

—Habacuc

T odos nos estamos moviendo, ya sea hacia adelante, hacia atrás o hacia los lados. Nunca estamos estáticos; o avanzamos hacia la realización de nuestros sueños o nos alejamos de ellos, puesto que el tiempo no espera y los días continúan transcurriendo.

Durante los primeros años de vida, nuestros padres deciden por nosotros. Pero en algún momento, entre nuestra niñez y nuestra adolescencia, comenzamos a tener una mejor idea sobre lo que queremos llegar a ser, hacer, tener, conocer o aprender. Nuestros sueños comienzan a adquirir mayor claridad. Y aunque muchos salimos tras dichas metas con decisión, otros permitimos que los demás continúen eligiendo por nosotros. Relegamos esta importante tarea a nuestros profesores, a nuestra pareja, a nuestros jefes o a veces, a perfectos desconocidos.

Con el tiempo, olvidamos nuestras metas y nuestro propósito de vida, y nos dedicamos simplemente a consumir días. Nuestros sueños se marchitan y el entusiasmo parece esfumarse. ¿Conoce alguna persona que haya olvidado su propósito de vida y se haya resignado a sobrevivir? Sin darnos cuenta, caemos en la monotonía de la rutina diaria y olvidamos la verdadera razón de cada actividad en la que participamos. Ingresamos en lo que denominamos "el círculo mortal de la vida diaria".

Cada mañana nos despertamos con la alarma del reloj para desayunar, arreglarnos e irnos a trabajar. Trabajamos para ganar el dinero que nos permita suplir nuestras necesidades básicas. Obviamente, la necesidad a la que destinamos primeramente nuestros ingresos es al sustento. Nos alimentamos para seguir vivos de manera que al día siguiente podamos ir nuevamente a trabajar.

Ese es el círculo mortal de la vida diaria. ¡Levantarse para trabajar, para ganar dinero, para comprar comida, para seguir vivos, para ir a trabajar al día siguiente! Así vivimos cuando no tenemos un propósito claro y específico en nuestra vida.

La Biblia nos recuerda: "Donde no hay visión el pueblo se extravía". Así, una persona que no tenga clara y específica su misión de vida, es como un viajero que parte con rumbo incierto, confiando en que el destino le llevará al lugar apropiado. Vivir sin un propósito es como partir a un largo viaje sin saber el lugar de llegada, ni planear las escalas necesarias; sin determinar el medio de transporte o saber si se cuenta con los recursos necesarios para el viaje. Como aventura, puede parecer atractiva, pero en la vida real no lo es. Aquellos que optan por vivir de esta manera, descubren que, en la gran mayoría de los casos, la aventura tiende a convertirse en pesadilla.

Es común encontrar personas que nunca definieron propósitos o metas y, posteriormente, con resentimiento culpan al destino de haberles jugado un mala pasada. "Que suerte la mía", "ni modo, estaría de Dios que nos quedáramos aquí", "seguramente es su voluntad que aquí pasemos el resto de nuestro viaje".

El rey Salomón, descrito como el más sabio de los hombres, escribió en su libro de los Proverbios: "la necedad del hombre le hace perder el camino, y luego el hombre le echa la culpa al Señor" (Proverbios 19:3). Muchos de nosotros, convenientemente, responsabilizamos a Dios por nuestra decisión de no ejercer el libre albedrío sobre nuestra vida con el cual Él nos ha dotado. Todo comienza con nuestra decisión de aceptar un cien por ciento de la responsabilidad por nuestro éxito personal.

La correspondencia entre sus logros y su propósito de vida

Por precisas que sean sus metas y puntuales los objetivos que persigue, si no están guiados por un propósito de vida claro, los resultados que obtenga serán impredecibles.

La historia del empresario sueco Alfredo Nobel es un gran ejemplo de esto. Ella ilustra la importancia de examinar periódicamente si el sitio hacia donde estamos caminando es el lugar al cual verdaderamente deseamos llegar. No es suficiente contar con metas claras. Como Nobel lo descubriera, es posible alcanzar diferentes metas a lo largo de nuestra vida, sólo para descubrir más tarde, que éstas no responden realmente a nuestros deseos y aspiraciones.

En su testamento, Nobel −quien murió en 1896— dejó definido, por lo menos en parte, su propósito de vida con estas palabras: "mi deseo es fomentar la paz y combatir la guerra". En él, Nóbel dispuso que las rentas de su fortuna fueran distribuidas anualmente en cinco premios que habrían de adjudicarse a aquellas personas que hubiesen efectuado aportes valiosos en los campos de las ciencias químicas y físicas, la medicina, la economía y la literatura, y que hubiesen trabajado en pos de la paz y la concordia entre los pueblos.

A pesar de lo loable de su misión, lo cierto es que ésta no siempre fue la luz que lo guió. Alfredo Nobel, quien también era químico, había trabajado durante casi toda su vida en el perfeccionamiento práctico de explosivos para usos pacíficos. Este

trabajo había culminado con la invención de la dinamita, lo cual resultaba paradójico en un hombre
tan sensible, humano y amante de la paz como él
solía calificarse. Sin embargo, cada uno de los explosivos que Nobel descubriera y fabricara, poco a
poco eran adoptados en el campo bélico, al punto
que la prensa le acusó de traficar con la guerra.

Lo cierto era que Nobel odiaba la guerra. El ver
el uso que se le estaba dando a sus descubrimientos lo llevó incluso a pensar en encontrar lo que él
llamaba "explosivos de seguridad destinados a la
paz".

"...Me agradaría inventar una sustancia o una
máquina de devastación tan espantosa, que por
el solo temor que inspirase, hiciese imposible las
guerras...". Así escribía Nobel en una de sus cartas
a su amiga, la condesa Berta Kinsky.

Es obvio que hasta ese momento, las metas
y logros de Nobel en el campo de los explosivos
no estaban contribuyendo con la que más tarde
adoptaría como su misión de vida. Sin embargo,
un hecho muy curioso habría de ocurrir en la vida
de este hombre, que le obligaría a examinar si sus
acciones iban de acuerdo con su misión y, más aún,
le exigiría tomar serias decisiones sobre su futuro.

Sucedió que uno de sus hermanos murió durante una explosión en una de sus fábricas. Con la

confusión del accidente, los periódicos cometieron el error de creer que quien había muerto era Alfredo. Así que Nobel tuvo la macabra oportunidad de leer lo que la prensa había publicado acerca de él, su vida y su legado.

Como era de esperarse, el periódico se concentró en los usos bélicos de la dinamita, en la destrucción y en las muertes que ella ocasionaba. Alfredo Nobel quedó hundido en una profunda tristeza al conocer la manera como sería recordado después de su muerte. Reflexionó largamente acerca de cómo sus logros, celebrados por algunos y criticados por otros, habían terminado por llevarle en dirección opuesta a su verdadero propósito de vida.

Inspirado por aquel incidente, Nobel vio lo errado que estaba al querer ganarse la voluntad de los hombres por el terror y decidió trabajar para borrar esta imagen de traficante de guerra por una de promotor de paz. Esta oportunidad de rediseñar su vida le llevó a concebir la idea de un "premio pro-paz", e incluso, a concebir la idea de imprimir un periódico que fuese portavoz del pacifismo universal.

Es así como, aún hoy, la concesión del premio Nobel es concebida como el máximo galardón al cual pueda aspirarse. El recuerdo que hoy evoca el nombre de Nobel y su premio Nobel de la Paz, fue el resultado de él haber tomado el tiempo para redescubrir su misión de vida. Debido a esto, hoy perdura y perdurará a través de los años la obra de amor y paz y la verdadera misión de vida, de quien patentara el más potente explosivo de su época.

El principio de la doble y triple creación

¿Puede imaginar un piloto de avión sin un destino definido y un plan de vuelo?, ¿o a los empleados de una ensambladora de automóviles sin el diseño del vehículo que están armando? Observar algo así sería ridículo, sin sentido. Igual de absurdo resulta que transitemos por la vida sin conocer clara y específicamente nuestro propósito de vida.

Las personas de éxito son concientes de la importancia que tiene el crear una imagen clara de lo que desean alcanzar y de permitir que cada acción que emprendan esté guiada por esta visión. Tener un propósito para nuestra vida va más allá de simplemente *saber* cuál es nuestra misión; implica cristalizarla mentalmente, imaginarla tan nítidamente como nos sea posible. Cuando pensamos en establecer un destino de viaje, no reproducimos en nuestra mente una lista de palabras que describan tal lugar, sino que visualizamos una serie de imágenes del sitio al que deseamos llegar.

Si estamos planeando unas vacaciones, al pensar y hablar sobre el viaje, nuestra mente no se limita a ver el nombre de la ciudad a la que iremos. Ella hace muchos más que eso; visualiza lugares específicos y piensa en personas y actividades concretas. Esto se debe a que nuestros procesos mentales son visuales, no textuales.

Cuando escucha la palabra "avión" su cerebro no se imagina las letras a-v-i-ó-n juntas, sino que reproduce mentalmente la imagen de un avión. Así maneja el cerebro las ideas. Nuestra máquina procesadora de información es sumamente visual. Es mucho más fácil comprender y asimilar aquellos conceptos que podemos asociar con imágenes. Si le pedimos a un grupo de personas que imagine un atardecer en la playa, un castillo, o un hermoso jardín, aunque cada uno de ellos recree playas, castillos y jardines distintos, todos pueden imaginar claramente cada uno de esos escenarios. Si les solicitáramos que los dibujen o describan, seguramente podrían hacerlo con cierta facilidad.

Sin embargo, ¿qué sucede si le pedimos que dibuje la imagen de "tener un buen año"?, ¿qué tan fácil resulta describir la meta de "salir adelante"?, ¿puede visualizar claramente la idea de "estar mejorando"? Complicado, ¿verdad? No es tan fácil visualizar con claridad estas ideas abstractas. Al no ser lo suficientemente específicos, nuestra mente sólo encuentra imágenes simbólicas, pero no logros concretos. Tal vez al pensar en "un buen año", "salir adelante" o "mejorar" imaginamos a una persona

sonriente con las manos en alto en señal de victoria, o a un hombre o mujer llegando a una cima
o subiendo por una escalera, pero, ¿es eso lo que
anhelamos en la vida?, ¿subir una escalera? Nuestro
destino de vida debe gozar de total claridad.

No es suficiente tener una idea vaga de lo que
quiere que su vida represente, debe tener una
imagen clara y específica. Sólo así podrá saber con
certeza el camino que debe tomar, las metas que
debe fijar y las acciones que debe realizar para su
logro. Las metas borrosas generalmente producen
resultados igualmente borrosos o, simplemente, no
producen ningún resultado.

Cuando crea una imagen, una fotografía mental
de lo que desea alcanzar, su mente subconsciente
buscará poner su realidad exterior en armonía con
su realidad interna, y se encargará de mostrarle el
camino mediante el cual puede materializar dicho
objetivo.

En su libro, *Los 7 hábitos de la gente altamente
efectiva*, Stephen Covey se refiere a éste como al
principio de la doble creación. Él afirma que todas
las cosas en realidad son creadas dos veces. La
creación física está precedida por una creación
mental. Construyendo sobre este principio, y tratando de ser más claros, podemos afirmar que en
realidad todas las cosas se crean *por lo menos* en
dos ocasiones. Primero en nuestra mente (cuando

visualizamos nuestros objetivos), segundo en algún papel o en su computador (cuando desarrolla un plan de acción) y finalmente en la realidad (cuando implementa su plan y logra sus metas).

Si vamos a construir una casa, antes de empezar a excavar, de levantar las paredes o, inclusive, de elaborar y trazar los planos, mentalmente creamos una imagen de la casa terminada. Tal vez los detalles no están totalmente definidos, pero por lo menos hay una visión lo suficientemente clara de lo que queremos como para comenzar a trazar los planos. Ésta es la primera creación, la mental.

La segunda creación en este caso es la realización de los planos. Seguramente al poner en el papel los pensamientos e ideas de la primera creación surgirán ciertas modificaciones. Al plasmar en un papel lo que hemos imaginado, todo empieza a ordenarse, a tener más sentido y por lo mismo, suele haber correcciones, cambios o modificaciones que le proveen a nuestra meta aún más claridad.

Sólo entonces comenzamos a excavar para poner los cimientos y levantar las paredes. Esto es lo que constituye la tercera creación: la física. Las personas de éxito saben que si ignoran la creación mental, es muy probable que durante la creación física deban efectuar costosos cambios. La creación primera, el ensayo mental, les permite enfocar mucho mejor sus ideas, practicar su plan de acción, evaluar cada paso del proceso y mejorar o cambiar lo que sea necesario.

Es lo mismo que debe hacer ahora. Si presenta a su mente subconsciente esta imagen o película de su vida, ya habiendo alcanzado las metas que se ha propuesto, su mente subconsciente empezará a trabajar para hacer que su mundo, que su realidad exterior, sea consistente con esa imagen interna que le ha estado presentando. Éste es, sin lugar a dudas, uno de los poderes más grandes de la mente subconsciente, la capacidad de ayudarle a hacer su mundo exterior consistente con esa imagen interna.

Redescubriendo su destino y definiendo su misión de vida

Todo en la naturaleza tiene una razón de ser, una función para la cual ha sido creada. Cada ser del planeta forma parte del proceso de vida en general. Insectos tan especiales como las abejas no sólo nos proveen la miel, sino que también poseen la importante misión de colaborar en el proceso reproductivo de un sin fin de plantas. Sin ellas no sólo careceríamos de miel, sino que tampoco existirían muchas de las plantas y flores que oxigenan y adornan al planeta.

Al igual que las abejas, las personas participamos de este círculo vital. Todos estamos viviendo esa oportunidad. Usted también tiene una misión que cumplir, un propósito que alcanzar que nadie más puede vivirlo por usted.

Nuestra misión de vida guía las decisiones y acciones en las que participamos cada día, nos ayuda a sentar metas y nos auxilia al momento de asignar prioridades. Si no tenemos claridad respecto a ella, no habrá unidad de criterio en nuestras metas, ni enfoque en las acciones y es posible que trabajemos arduamente durante muchos años, sólo para encontrar que lo que hemos logrado no ha traído la satisfacción personal que buscábamos. Podemos inclusive descubrir con tristeza que nuestro trabajo nos ha alejado de lo que verdaderamente deseábamos y nos ha llevado en dirección opuesta a aquello que verdaderamente anhelábamos alcanzar.

Por esta razón queremos que tome hoy un momento para asegurarse que los pasos que está dando en su vida, le conducen al lugar a donde desea llegar. Descubra cuál es su misión de vida, cuál es el propósito que desea que su vida represente. Recuerde que esta visión será la encargada de ayudarle a identificar los sueños que desea alcanzar y a desarrollar una mayor claridad en cuanto a las metas que le llevarán a su realización.

A lo largo de la historia, muchos de los grandes éxitos que hombres y mujeres lograron alcanzar son el resultado de haber tomado el tiempo necesario para desarrollar una visión clara de su misión de vida. Walt Disney, resumió la suya en estas simples palabras: "hacer feliz a la gente". Gandhi definió su misión así: "por medios pacíficos lucharé incansablemente contra las injusticias".

¿Cuál es su visión sobre lo que representa su vida? ¿Qué escribiría si tuviera que resumir su propósito de vida en una sola frase?

Un buen primer paso es detenerse para asegurarse que se está moviendo en dirección a las metas que deseas alcanzar en las diferentes áreas de su vida. ¿Qué tienen en común todas ellas? ¿Responden a su misión personal? ¿Le produce orgullo, alegría y satisfacción la idea de hacerlas realidad, o por el contrario, no está seguro de por qué las está persiguiendo?

Este análisis le ayudará a descubrir y clarificar su verdadero propósito de vida y escribir un enunciado que exprese claramente su misión personal. Si lo ha notado, hablamos de descubrir su misión, no de inventarla. Descubrir significa quitar la cubierta a algo. Lo cierto es que su propósito o misión personal ha estado en su interior por mucho tiempo. Sin embargo, *el círculo mortal de la rutina diaria* lo ha ocultado bajo un manto de obligaciones, urgencias y trivialidades que le han impedido vivirlo a plenitud.

Muchas personas sienten que no han podido luchar por lo que anhelan debido a que tienen demasiadas "obligaciones que cumplir". Afirman que "se están sacrificando" en aras de su familia, sus hijos o su profesión; pero en el fondo esa supuesta actitud de personas "responsables" no es mas que una máscara que les ayuda a ocultar la verdadera razón de su pasividad: el temor.

Haga a un lado ese miedo a pensar en serio en lo que siempre ha querido lograr. Tome un lápiz y responda con absoluta sinceridad las siguientes preguntas. Seguramente mientras las responde la cubierta se irá resquebrajando y su verdadero destino florecerá en su ser.

Plan de acción

1. Ayúdese de las siguientes preguntas para descubrir su misión personal:

• ¿Cuáles son sus principales talentos y habilidades naturales?

• Si el salario por ejercer cualquier trabajo, actividad o empleo fuera el mismo para todos, ¿a qué se dedicaría?

• ¿Qué situaciones de la vida son las que más le conmueven o indignan?

• Si supiera con total certeza que le restan tres años de vida solamente, ¿qué haría en ese tiempo?, ¿a qué se dedicaría?

• Si estuviera en su lecho de muerte y tuviera la oportunidad de aconsejar a sus seres más queridos sobre cómo vivir sus vidas, ¿qué les diría?

• ¿Incluyen sus sueños un sentido de trascendencia por bendecir y ayudar a otras personas o solamente usted se beneficia de ellos?

2. Lea y reflexione sobre sus respuestas a estos interrogantes. Tenga la seguridad que la suma de esta información contiene las actividades, valores, proyectos, metas y sueños que le ayudarán a descubrir su verdadero propósito a su vida. Esos pensamientos forman parte de la primera creación de su misión. Redacte un texto que refleje claramente esas ideas. Lo

importante no es que tan poético o profundo parezca, sino que realmente represente lo que anhela para su vida.

Algunas personas prefieren escribir su enunciado de misión a manera de decálogo; otras, en forma de afirmación o enunciado corto. Hay quienes prefieren dividir su texto en los diferentes *roles* de su vida. Por ejemplo: en mi vida profesional quiero esto; con mi familia esto otro; en mi salud, aquello, etc. Lo verdaderamente importante es que lo escriba y no lo deje solamente en su mente. Recuerde que entre imaginar la casa y hacer el plano pueden producirse cambios sumamente importantes.

Así que tome unos minutos en la agitada carrera de la vida y descubra nuevamente su razón de ser, su misión de vida. Reencuéntrese con los sueños y metas de su juventud. Aquéllos que abandonó por desidia, olvido, o por estar demasiado ocupado en el círculo mortal de la rutina diaria. Nuestra recomendación es que cuando continúe su viaje, comience con el fin en mente, con un destino bien definido y dispuesto a disfrutar el trayecto.

Segundo Paso
Identifique los valores que regirán su viaje

*Si quieres descubrir que es lo que
una persona verdaderamente valora,
mira en que invierte su tiempo,
su dinero y su esfuerzo.*

—Carolyn Taylor

Descubriendo los valores que gobiernan su vida

A los 27 años de edad, Benjamín Franklin deambulaba por las calles de Filadelfia, frustrado y sintiendo que su vida no tenía dirección. Su amor por la aventura y su desprendimiento de lo convencional, habían traído a su vida un gran número de frustraciones y sueños fallidos.

Así que un día, cansado de estar cansado, durante uno de esos momentos de profunda reflexión, Franklin dio algunos de los pasos que hoy le estamos invitando a dar. Él comenzó a pensar acerca de su misión de vida, de sus metas, de la necesidad de romper con viejos hábitos que le detenían para utilizar su verdadero potencial y de la importancia de descubrir los valores que gobernarían su vida.

Esta decisión convirtió a este hombre que a los 27 años sentía que había perdido su norte y no tenía idea de por qué hacía lo que hacía, en una de las personas más influyentes de su momento y de la historia de su país.

Franklin fue ciertamente un hombre de un optimismo sin límites, conocido por ser uno de los promotores de la independencia de Estados Unidos; célebre por sus trabajos científicos, el más famoso de los cuales fue el de la llave atada a la cuerda de una cometa, que realizó para estudiar la naturaleza de la electricidad. Como resultado de su trabajo en este campo, fue elegido miembro de la Sociedad Real de Londres, la más alta organización científica de ese país.

También se desempeñó en el campo periodístico. Fundó el periódico *La Gaceta* de Filadelfia, y además fue pilar en el establecimiento de la primera biblioteca pública de la ciudad. Fue autodidacta en el aprendizaje de la gramática y la literatura; a los 63 años comenzó a estudiar idiomas y llegó a dominar el francés, el italiano, el latín y el español, el cual aprendió lo suficientemente bien como para leer libros y mantener una conversación.

Al examinar la vida de este gran hombre, se ve cómo cada una de las metas que alcanzó estaba respaldada por valores y principios sólidos. Disfrutó de grandes éxitos en los negocios, fue inventor, científico, escritor, editor e impresor, líder cívico, filósofo y filántropo. Pero más importante aún, fue un hombre que buscó cosechar éxitos no sólo para su propio beneficio, sino para el beneficio de los demás.

Sus logros muestran cómo el tomar el tiempo para identificar los valores que deseamos que guíen nuestra vida, definirlos claramente, y asegurarnos que nuestras acciones son congruentes con dichos valores, es el camino a una vida productiva, llena de logros, de felicidad y de éxito.

Pero, ¿qué fue exactamente lo que Franklin hizo para descubrir y clarificar los valores que gobernarían su vida? En su afán por lograr una mayor claridad acerca de los valores y virtudes que le ayudaran a vivir una vida balanceada, plena y feliz, resolvió tomar el tiempo para identificar los diferentes valores que debían proveer dirección a su vida. Luego se puso en la tarea de definirlos en pocas palabras, pero en términos precisos, sin caer en definiciones demasiado vagas o confusas. En su autobiografía habla de trece virtudes que se propuso alcanzar. He aquí algunas de ellas:

Trabajo: Al respecto Franklin escribió: "No pierdas el tiempo. Ocúpate siempre en algo útil y elimina todo lo innecesario".

Sinceridad: La definió de la siguiente manera: "No lastimes a nadie con engaños. Piensa con inocencia y con justicia y cuando hables, hazlo de acuerdo con esto".

Justicia: La sintetizó en las siguientes palabras: "No perjudiques a nadie, ni haciéndole daño, ni omitiendo lo que es tu deber".

Orden: Se hizo la siguiente reflexión: "Ten un lugar para cada una de tus cosas. Ten un momento para cada parte de tu trabajo".

Resolución: Pensó en la importancia del compromiso: "Comprométete a llevar a cabo lo que debes hacer. Haz sin falta lo que te has comprometido a llevar a cabo".

Franklin buscó adquirir cada una de las virtudes anotadas, una por una, y mantuvo notas diarias acerca de su progreso en esta tarea. Este hábito de la autoevaluación se convirtió en un compromiso que perduró hasta el final de sus días. Según él, la felicidad y pasión por la vida que siempre demostró, fue el resultado de esa filosofía que él mismo había formulado medio siglo atrás, la cual resumió en las siguientes palabras: "El mejor servicio que podemos prestar a Dios es hacerle el bien a los demás".

Sin embargo, los valores identificados por Franklin servían a su propósito de vida; usted debe identificar los suyos.

¿Qué son los valores?

El ejemplo de vida de Benjamín Franklin deja en claro la importancia de identificar y describir los valores con los que quiere regir su vida. Sin embargo, antes de hacerlo, es conveniente describir de manera práctica lo que ellos son, ya que para muchos no pasan de ser palabras bonitas y agradables que rara vez ponen en práctica.

Algo de valor es algo que es importante; que tiene gran significado para nosotros. Son las personas, ideas, actividades u objetos que valoramos más, las que cuidamos más y a las que les prestamos mayor atención. Lo valioso para nosotros es lo que más estimamos o consideramos de mayor precio. Cuando decimos que algo o alguien es importante para nosotros, pero nuestras acciones no lo demuestran, quiere decir que realmente no lo es. Si lo fuera, actuaríamos conforme a ello.

Cuando hablamos de los valores, no nos estamos refiriendo necesariamente a la manera en que *pensamos* respecto a la justicia, la ética y la moral; sino que nos referimos a lo que *hacemos*, a nuestra manera de actuar. Lo que *realmente creemos* acerca de cómo debe comportarse el ser humano, incluidos nosotros mismos, es aquello que, no sólo creemos, sino que ponemos en práctica. Existe una forma sencilla de identificar nuestros verdaderos valores; basta con repasar nuestra conducta. La manera en que nos comportamos es un claro reflejo de cuáles son nuestros verdaderos valores. De hecho, es la única forma de descubrir los valores que realmente posee una persona.

Seguramente habrá quien piense que esta lógica es incorrecta, pues en reiteradas ocasiones desea-

mos actuar de cierta manera, pero las responsabilidades diarias no nos permiten hacerlo. Aunque este
argumento parece válido, simplemente muestra el
verdadero valor de quien lo expone. Es decir, quien
piensa así, es el tipo de persona que cree que lo
importante en la vida es lo que piensa, no lo que
hace. La realidad nos muestra que para los demás
sólo existe lo que hacemos, no lo que pensamos.

Indiscutiblemente, aquello a lo que le damos
prioridad nos deja ver claramente cuales son nuestros verdaderos valores. Aquello a lo que dedicamos
nuestro tiempo le estamos dando más importancia
que a otras actividades. Con nuestras acciones y
nuestra conducta, le estamos dando mayor valor,
sin importar qué digamos con nuestras palabras, o
qué hayamos escrito al momento de definir nuestra
misión o propósito de vida.

De nada sirve profesar que uno de nuestros valores es el deseo de ser buenos padres para nuestros
hijos ya que ellos son nuestra mayor prioridad, si
no dedicamos tiempo a comunicarnos con ellos,
no sabemos cuáles son sus sueños y metas, o ni
siquiera, nos tomamos la molestia de preguntarles
como estuvo su día. Las palabras pueden sonar
adecuadas y dar señal de nuestras intenciones,
pero nuestras acciones nos ponen cara a cara con
la realidad. Las buenas intenciones no logran nada.
Sólo la acción decidida logra resultados.

El gran abismo existente entre el pensar y el actuar

Un error en el que caemos con frecuencia al cuestionarnos sobre nuestros valores es que nos juzgamos con base en lo que pensamos, no en lo que hacemos; y como estamos seguros que pensamos de cierta manera, llegamos a creer que actuamos de acuerdo con esos pensamientos.

En cierta ocasión le pidieron a un joven calificar su comportamiento como hijo respecto a su madre asignando un valor entre el uno y el diez. Después de unos minutos de auto análisis sobre su papel de hijo, se adjudicó una calificación de nueve. Su decisión se basaba en el profundo sentimiento de agradecimiento que sentía hacia ella. La amaba, pensaba en ella con frecuencia y se interesaba por su salud y bienestar. Su auto evaluación se apoyaba en lo que sentía por ella y lo que pensaba respecto a ella.

Al preguntársele a la madre que calificara su relación con su hijo con absoluta objetividad, asignó un siete –aunque es posible que su corazón maternal no le haya permitido darle el cinco que hubiese querido—. ¿Por qué se da esta diferencia en las calificaciones? La razón es sencilla; ella había realizado su evaluación basándose en la manera de actuar de su hijo, en el tiempo que le dedicaba, en las llamadas telefónicas que recibía de él; en las expresiones de afecto, o en la carencia de todo lo anterior.

La lección es sencilla. Las demás personas no pueden ver nuestros pensamientos, deseos, valores o sentimientos, pero saben que todos estos pueden verse reflejados en nuestros actos. Nuestra manera de actuar es el mejor indicativo de todo aquello a lo que le hemos asignado una mayor importancia y prioridad.

¿Dedicaría buena parte de su tiempo a algo que no es importante para usted, a costa de desatender lo que verdaderamente le interesa? ¿Estaría dispuesto a invertir su dinero en una actividad u objeto que no tenga ningún valor para usted?

Si respondió "no", eso confirma que invierte su tiempo, dinero y atención en lo que considera valioso. Si respondió "sí", está viviendo una gran contradicción o tiene una lógica insensata. Nadie debería dedicar más tiempo a las cosas irrelevantes que a las que realmente le importan. Goethe afirmó: "las cosas que importan más no deben estar a merced de las que importan menos". La conclusión es muy sencilla: nuestros valores se reflejan en nuestra conducta y en nuestras decisiones acerca de en qué invertimos nuestro tiempo, dinero y esfuerzo.

Benjamín Franklin decidió modificar su manera de actuar, eligió concentrarse en las actividades que él realmente consideraba importantes para su vida. Al hacer esto, adquirió y solidificó aquellos valores que había decidido que gobernarían su vida. Ya no se trataba solamente de *pensar* qué era lo correcto, sino de *actuar* de la manera correcta. Los valores se muestran a los demás, y a nosotros mismos, a través de nuestros comportamientos.

Así que examine sus comportamientos y determine que valores están reflejados en esa manera de actuar. Luego pregúntese: ¿son estos los valores que deseo que rijan mi vida? Si la respuesta es no, identifique los valores que desea que gobiernen su vida de ahora en adelante y los comportamientos y conductas que reflejen dichos valores y hágalos parte de su manera de actuar ya mismo.

Cuando alguien afirma que uno de sus valores es la salud, pero no ejercita su cuerpo regularmente, come alimentos que le perjudican o ingiere sustancias nocivas para su cuerpo, realmente no tiene el valor de la salud, simplemente *piensa* que es importante, pero no lo ha adquirido como un valor, como algo preciado y preponderante para si mismo. Cuando no hacemos lo que creemos que debemos hacer, se debe a que realmente no hemos adquirido ese valor, es solamente un pensamiento o idea, pero no un valor que rige nuestra vida.

Todos tomamos decisiones constantemente y siempre optamos por hacer aquello que valoramos más, por encima de aquello que no valoramos tanto. Recuerde, la manera como emplea su tiempo lo dice todo acerca de cuáles son sus verdaderos valores y sus prioridades más importantes.

En los procesos de cambio de cultura que trabajamos con diferentes empresas se requiere establecer o analizar los valores que han adoptado en la organización. Cuando solicitamos al director general o al de recursos humanos los valores de la empresa, por lo general nos muestran un folleto o afiche en el que se encuentra, en letra elegante, una lista de conductas ideales donde se mencionan palabras tales como: honestidad, trabajo en equipo, servicio, visión, liderazgo, tolerancia, innovación, lealtad, compromiso, etc.

Indudablemente, lo anterior es una preciosa letanía de conductas admirables, deseables y sumamente importantes para el buen desarrollo de cualquier institución. Sin embargo, la respuesta correcta a la pregunta sobre los valores de la empresa no la provee el folleto del ideario de la compañía. Los verdaderos valores de la empresa los encontraremos al observar el comportamiento de cada una de las personas que la conforman. Hablar sobre valores puede ser engañoso, ya que llegamos a convencernos de que vivimos con ellos pero no nos cuestionamos si realmente lo hacemos.

En una ocasión el director general de cierta empresa nos contrató con el propósito de identificar una estrategia que permitiera a los miembros de los diferentes equipos de trabajo interactuar con más efectividad. Quería que los líderes estuvieran más abiertos a las opiniones de los demás, aunque fueran distintas a las suyas (tolerancia); que se desempeñaran más como líderes y coordinadores de sus equipos que como jefes de los mismos (trabajo en equipo); que durante las juntas y reuniones se pudiese hablar sobre cualquier tema sin ocultar información aun cuando fueran noticias desagradables (honestidad). Esos eran los valores de la organización y él deseaba que se llevaran a la práctica.

Después de escucharle y anotar dichas conductas en la pizarra, le hicimos dos preguntas: "¿es así como se comporta usted con su equipo de trabajo?, si en este momento entrevisto a sus subordinados directos, ¿dirán que usted es una persona que aplica esos valores a diario?". Después de un breve pero tenso silencio, el director comprendió el mensaje: nuestros valores son lo que hacemos, no lo que pensamos. Los valores que vivimos en nuestro actuar diario, son los verdaderos valores que tenemos.

Así que reflexionemos un poco sobre aquello a lo que le estamos dedicando más tiempo.

¿Dedicamos más tiempo a nuestra familia que a otras actividades?; ¿cuántas horas al día o a la semana permanece con su pareja en actividades que fortalezcan su relación? Si promovemos la tolerancia en el trabajo, ¿aceptamos las opiniones de otros cuando no concuerdan con la nuestra? ¿Consideramos los puntos de vista de los demás interesantes, inteligentes y valiosos, o solemos ignorarlos o devaluarlos con "mejores argumentos", es decir, con los nuestros? Recuerde que aquellos valores que no ponemos en práctica, por admirables y meritorios que parezcan, simplemente no son los nuestros.

Plan de acción

Identifique sus valores

Para identificar sus verdaderos valores y hacer un plan para vivir de acuerdo con ellos, deténgase un momento y realice el ejercicio que describiremos a continuación.

1. **Analice su manera de actuar**. Tome una semana típica de su vida y defina en qué ha invertido las horas del día.

   - ¿A qué actividad le dedica más tiempo?
   - ¿Cuántas horas dedicó en esa semana al trabajo?
   - ¿Cuántas a sus seres queridos?
   - ¿Cuántas a hacer ejercicio?
   - ¿Cuánto tiempo invirtió en lectura?
   - ¿Cuánto en su crecimiento espiritual?

2. **Descubra sus valores actuales.** Al ver sus respuestas, ¿considera que la inversión que está haciendo de su tiempo es la correcta? Entienda que los resultados que anotó, demuestran a qué le está dando más valor en la práctica, es decir en la realidad. Si esto no hace sentido con lo que considera que debe ser más importante para usted, está actuando contra sí mismo, está saboteando su propósito de vida. Necesita modificar el rumbo o dirección del volante de

su vida para dirigirlo hacia donde realmente desea ir. Comience por identificar y eliminar aquellos valores y actividades que descubrió y que no desea seguir practicando.

3. **Corrija el rumbo.** Ahora anote los valores que quiere aplicar en su vida. Antes de hacerlo reflexione seriamente sobre ellos. Escoja solamente aquellos valores con los que realmente se identifica y desea que rijan su vida.

Una vez que lo haga, ordénelos y asígneles una prioridad en su vida; luego, escriba un pequeño párrafo en tiempo presente explicando lo que cada uno de estos valores significa para usted.

Su habilidad para establecer prioridades entre los valores, sueños, metas, y actividades diarias, es la llave para una mayor efectividad personal.

Es posible que sus valores sean parecidos a lo siguiente:

Espiritual. Mi relación personal con Dios es el valor más importante en mi vida. Él guía mis acciones, mis decisiones y mis relaciones personales, y me provee paz interior, serenidad y propósito.

Familia. Todas mis acciones reafirman el profundo amor que tengo por mi familia. Siempre me aseguro que mi vida sea un ejemplo a seguir para mis hijos. Todos los días trabajo para mantener un matrimonio basado en el amor, el respeto y la valoración por mi pareja.

Salud. Disfruto de una gran salud. Todas mis acciones, mis metas y mis comportamientos cuidan siempre de no afectar negativamente la salud y el estado físico del cual disfruto ahora.

Integridad. Mi vida, mi carácter y mi personalidad se caracterizan por la integridad y rectitud de mis acciones.

Una vez explicado lo que cada valor significa para usted, anote debajo de cada uno, una acción o decisión de su vida cotidiana en la que pueda aplicarlo. Si no está dispuesto a comprometerse al menos con la realización de una actividad que dé muestra de que este valor en realidad rige su vida, entonces bórrelo de su lista. Recuerde que lo importante no es lo que piense o escriba, sino lo que haga.

Elija cuales serán los valores que gobernarán su vida y deje que ellos sean el parámetro de sus acciones y decisiones. ¡Conviértase en la persona que desea ser!

Diseñe el plan de viaje

*Confía en Dios con todo tu corazón y
no te apoyes en tu propia prudencia.
Reconócelo en todos tus caminos,
y Él enderezará tus veredas.*

—Salomón

───────── ❧ ─────────

$\mathcal{U}$na vez que tengamos absoluta claridad de nuestra misión de vida y de los valores que deseamos que rijan nuestro actuar diario, el siguiente paso es definir los sueños y metas que deseamos perseguir. Nuestra misión o propósito de vida determina para qué queremos vivir, la razón de ser de nuestra existencia. Eso es lo que hemos trabajado en el paso uno. En el paso dos definimos los parámetros para nuestra manera de actuar, es decir, cómo deseamos vivir, los valores por los que deseamos regir nuestras decisiones y comportamiento.

Ahora es tiempo de identificar los sueños, objetivos y metas que deseamos alcanzar; las actividades y habilidades que anhelamos obtener o desarrollar. Este paso encierra dos grandes retos: (1) Definir claramente nuestros deseos más importantes; (2) Diseñar un plan de acción para alcanzarlos.

Todo comienza con un sueño

J.C. Penney, el gran industrial estadounidense, solía decir: "Muéstrame un obrero con grandes sueños, y en él encontrarás un hombre que puede cambiar la historia. Muéstrame un hombre sin sueños, y en él hallarás a un simple obrero."

Todos tenemos grandes sueños, pero muy pocos de nosotros damos los pasos necesarios para convertirlos en metas y objetivos claros. No somos conscientes que convertir nuestros sueños en realidad no es el resultado de la suerte o la casualidad; que las personas de éxito triunfan a propósito y sus logros son el resultado de un plan preconcebido y puesto en marcha.

Tristemente, por cada gran idea o sueño que literalmente terminó por cambiar el curso de la humanidad, hubo miles de proyectos que nunca se materializaron, porque quienes los concibieron jamás desarrollaron un plan de acción para lograrlos.

Walt Disney poseía una filosofía aparentemente sencilla al respecto. Él afirmaba que para triunfar era necesario pensar y soñar en grande, creer en sus sueños y convertirlos en una magnífica obsesión. Finalmente era imperativo trabajar con empeño y perseverar hasta lograrlos.

Walt Disney fue capaz de realizar todos los proyectos que concibió, gracias a su capacidad para visualizarlos ya terminados cuando apenas eran una idea en su mente. La creación de Disneylandia se le ocurrió mientras paseaba con sus hijas Sharon y Diana por un parque. Él imaginó un parque gigantesco de diversiones donde los niños y sus padres pudiesen disfrutar juntos, y donde estuvieran todos los personajes de sus dibujos animados. ¿Recuerda la manera como Disney resumió su misión personal? "Hacer feliz a la gente".

¿Ve cómo la claridad en cuanto a su misión personal se encargará de ayudarle a concebir y visualizar los sueños que le permitan vivenciar dicho propósito?

El día en que Disney decidió poner en marcha su proyecto, nada ni nadie pudo detenerlo. Cuentan que cuando se encontraba buscando un inversionista que financiara la construcción de su parque de diversiones, solía llevar a la persona al sitio que él había escogido para construirlo en las afueras de Los Angeles, California, y desde una colina cercana los invitaba a compartir dicha visión.

"...La entrada al parque quedará de aquel lado y ahí comenzará la calle central que termina en aquel hermoso castillo, ¿lo puede ver?" Y así describía cada una de las atracciones y juegos con tal claridad como si las estuviese viendo. Algunos de los potenciales inversionistas, desconcertados, trataban de imaginar lo que Disney veía allí, en medio de aquel terreno baldío.

Durante la ceremonia de inauguración de Epcot Center en la ciudad de Orlando, Florida, cinco años después de su muerte, un reportero se acercó a Roy Disney, hermano de Walt, quien por aquel entonces se encontraba al frente de la corporación y le dijo: "Debe ser un momento difícil para usted; un día de gran alegría pero también de inmensa tristeza al ver que Walt nunca pudo ver culminado este parque, que era uno de sus grandes sueños". Roy se volvió al reportero y le dijo: "Joven, está usted totalmente equivocado. Walt vio culminado este sitio. Y fue precisamente gracias a que él lo vio terminado mucho antes de que se comenzara a construir, que hoy usted y yo lo estamos viendo".

Esta historia ilustra cómo los líderes son concientes de la importancia de crear una imagen clara de lo que desean alcanzar y de permitir que cada acción que emprendan esté guiada por esta visión. Cuando visualice una imagen, una fotografía mental de lo que desea lograr, su mente entiende que ese es su deseo y eso le servirá de referencia para saber hacia donde dirigirse, y, por lo tanto, se encargará de mostrarle el camino mediante el cual puede materializar dichos objetivos.

Cuidado con los ladrones de sueños

"Soñar es para ilusos"; "pon los pies en la tierra, no seas soñador"; "bájate de esa nube, tienes que ser realista". Frases como éstas se han convertido en los puñales homicidas de los anhelos de mucha gente. Tristemente resulta común escuchar a padres de familia, esposos, gerentes y personas respetadas en su medio de trabajo, afirmar que soñar es cosa de jóvenes y no de adultos responsables. Debido a esto, muchos llegan a creer que soñar sólo trae frustraciones y desencantos.

Sin embargo, ser soñadores no refleja inmadurez, ni significa que no esté con los pies en la tierra. Sin sueños no habría avances tecnológicos, descubrimientos, inventos, mejoras en los sistemas de trabajo o cualquier desarrollo creativo. Nuestros sueños son los mejores motivadores de la vida. Quien sueña posee razones para vivir.

Quien se expresa de manera pesimista con respecto a sus sueños, seguramente es alguien que se rindió ante los retos que le planteaba la búsqueda de sus anhelos, y en lugar de reconocer que su fracaso fue el resultado de haber desistido, prefiere culpar a la sociedad o a la vida misma. Ser concientes de nuestros deseos no nos garantiza que los obtendremos, es sólo un punto de partida; pero quienes ni siquiera se atreven a ser concientes de sus deseos, pueden tener la seguridad de que nunca los alcanzarán.

Es preferible luchar por nuestros sueños y disfrutar el camino hacia a ellos, que morir en vida renunciando a la posibilidad de hacerlos realidad.

Quienes se atreven a soñar se convierten, para aquéllos que se dicen "realistas", en una amenaza, ya que son el espejo donde ellos vislumbran lo que podrían haber alcanzado si se hubieran atrevido a soñar en grande.

Soñar con los pies en la tierra

Tener lo pies en la tierra, pero la mirada hacia lo alto no sólo es posible, sino necesario. Esto requiere atrevernos a soñar en grande, tomar estos sueños y convertirlos en objetivos y metas específicas. Es por esto que le sugerimos que escriba todo aquello que desea alcanzar. Si no da este paso nada cambiará en su vida. Así que tome el tiempo suficiente para realizar esta tarea a cabalidad. Recuerde que el sueño que elija, la meta que fije, determinará el lugar donde va a terminar. No se conforme con sueños pequeños cuando la vida tiene tanto que ofrecer.

Elabore su lista de lo que desea lograr a corto y largo plazo. Incluya sueños y metas personales, profesionales, familiares, espirituales y materiales. Incluya lo que desea llegar a ser en el futuro, lo que quiere tener, lo que anhela realizar, o aspira conocer.

Escriba rápido, deje que las ideas fluyan de su mente. No elija, por ahora, cuál de esos sueños es prioritario. Sólo escriba; ya tendrá tiempo para ubicar estos sueños en sus respectivas áreas y asignarles

una prioridad. Escriba sin detenerse a pensar cual
será el precio que hay que pagar por dicha meta;
de eso también hablaremos más adelante. No se
preocupe pensando qué tan realizable o irreal le
parece hoy el poder alcanzar dicha meta.

Ahora bien, asegúrese que los sueños, deseos y
aspiraciones que escriba verdaderamente sean los
suyos. En ocasiones pensamos que hay que elegir
metas que hagan felices a terceros, o sueños que
otros han identificado como importantes para ellos
porque creemos que si se encuentran en su lista,
también debe ser primordial que los tengamos en
la nuestra. Otras veces los escogemos por satisfacer
deseos o expectativas de nuestros padres o nuestra
pareja, pero no porque realmente nos interesan.
Nada de esto es importante. Lo único válido es que
sean los sueños que le motiven y entusiasmen a
usted. No se trata de hacer un listado de caprichos,
sino de metas que le inspiren, que le den fuerza e
ímpetu a su vida y que reafirmen la misión personal
y el propósito de vida que se trazó anteriormente.

Plan de acción

A. Sus sueños: la base de su plan de acción

1. **Elabore su lista maestra de sueños.** Tome ahora un tiempo para escribir la lista de sus sueños, deseos y aspiraciones personales. No se limite ni trate de ser "realista"; éste es el momento para poner a volar su imaginación, así que escriba sin temor.

2. **De prioridad a sus metas más importantes.** Revise su lista e identifique sus sueños de mayor prioridad. De todo lo que ha escrito en el punto anterior, analice qué objetivos tienen un mayor valor. ¿Qué metas, de lograrlas, tendrían un mayor impacto positivo en su vida?

   Asegúrese que en esta lista se encuentren representadas todas las facetas de su vida: familia, crecimiento espiritual, salud, aportes a la comunidad o servicio a los demás, desarrollo profesional y finanzas. Si no está cubriendo alguno de estos renglones, recapacite y piense algún deseo importante para esa área. Si encontró que alguna de estas áreas ha quedado descubierta, regrese a su lista maestra de sueños y realice nuevamente el proceso de elegir y clasificar sus deseos.

3. Filtre sus sueños. Una vida con propósito no será satisfactoria si sólo buscamos satisfacer deseos y ambiciones ególatras. Resulta ilusorio pensar que todos nuestros deseos nos llevarán a la felicidad o a un camino recto. Somos susceptibles de equivocarnos más de lo que creemos. Cuando las decisiones que tomamos sólo están basadas en nuestra limitada sabiduría, perdemos la dimensión total de la vida. Es por esto que debemos filtrar nuestros sueños. Puede consultar con Dios respecto a los planes y deseos que tiene para permitirle que le guíe en ellos. Él nos creó y conoce perfectamente nuestras habilidades, dones y anhelos; pero también es conciente de cuáles son nuestras más grandes debilidades. Conoce perfectamente cuando elegimos cierta ruta por motivos egoístas, aunque los disfracemos de bondad y buenas intenciones. Háblele a Dios sobre sus deseos y objetivos. Tome tiempo para escuchar su respuesta. Él le hablará; pondrá paz en su corazón o le inquietará para hacerle ver si debe examinar alguna decisión.

Por increíble que parezca, este es el paso más relevante –y uno que muchas personas hacen a un lado y olvidan por completo—. Al hablar de consultar sus sueños con Dios no nos referimos simplemente a encomendarle sus deseos y decisiones sin consultarle al respecto. Orar es hablar, preguntar y escuchar. Pídale que le muestre si las metas y objetivos que ha elegido son los correctos para usted. Permanezca expectante a su respuesta y actúe conforme a lo que le diga. Recuerde que Él sabe cuál es el mejor camino para nuestra vida y que, tal como lo escribiera Salomón, si le entregamos nuestros caminos, Él los enderezará para llevarnos a buen término.

4. **Visualice su sueño.** Ahora que tiene su lista de sueños, léala con frecuencia; visualícese habiendo realizado estos sueños. Piense en ellos como si ya fuesen una realidad. No los vea con incertidumbre, no se cuestione si será capaz de alcanzarlos, ni permita que la duda entre en su corazón. Recree en su imaginación cómo será cuando los alcance; quiénes estarán contigo, cómo será ese momento. Recuerde que en esta primera creación es importante visualizar sus metas tan claro como le sea posible.

B. El dónde, cuándo y cómo de su plan de acción

Una vez que tenga absoluta claridad respecto a su misión de vida, los valores que la gobiernan y los sueños que desea lograr, lo siguiente por hacer es desarrollar un plan de acción para alcanzar su cometido, asignando una fecha específica para el logro de dichas metas. Saber con cuánto tiempo cuenta, le permite revisar periódicamente su progreso y determinar si debe realizar algún cambio al plan establecido.

Imagínese consultando a su agente de viajes para planear unas vacaciones y que le pregunten a dónde quiere ir, y usted responda: "no tengo la menor idea". Seguramente su agente no le podrá ayudar. O si sabe a dónde quiere ir, pero cuando le pregunta cuándo tiene planeado viajar, usted responde: "aún no lo he decidido", continuaría sin poder ayudarle, ¿no es cierto? Es más, así sepa a dónde quiere ir y cuándo quiere hacerlo, aún debe determinar cómo desea llegar allí, qué tipo de transporte utilizará, ya que, como verá más adelante, siempre hay un gran número de opciones.

De igual manera, vivir una vida con propósito requerirá que determine el dónde, cuándo y cómo de su plan de vida. Sólo así podrá diseñar su recorrido.

Para lograr un plan efectivo necesita dar dos pasos decisivos. El primero es asignar una fecha fija para el logro de cada uno de sus sueños y diseñar un plan de acción. De hecho, una meta no es más que un sueño con una fecha frente a él, acompañando de los pasos específicos que lo conducirán a su logro. El segundo paso se basa en una premisa que inicialmente puede parecerle algo extraña: "Nunca lograremos aquello que queramos; sólo aquello que podamos visualizar claramente". Este paso requiere utilizar el proceso de la visualización positiva de nuestros objetivos de la cual hablaremos en detalle más adelante.

La importancia de poner una fecha

Poner una fecha específica le da un punto de referencia y más importante aún, le ayuda a seleccionar el mejor vehículo para materializar este sueño. Déjeme darle un ejemplo sencillo: si está en Nueva York y decide que su objetivo es ir a Los Angeles, hay un gran número de alternativas para lograrlo. Puede viajar en autobús, en tren, en avión, en auto, en bicicleta, caminando, en barco, o en motocicleta, sólo para mencionar algunas opciones. Y no es que una sea mejor que otra. Simplemente todas son diferentes, unas más económicas, otras más rápidas, otras más divertidas. La opción ideal para una persona puede no ser la más apropiada para otra. Todo depende del objetivo de su viaje, sus prioridades y expectativas.

Lo mismo sucede con sus sueños. Una vez los identifica, encontrará que no siempre es fácil decidir qué camino tomar. De hecho, muchas personas nunca comienzan el recorrido hacia la realización de sus sueños, precisamente porque no logran decidir cuál es el mejor camino a tomar. La aparente multitud de opciones es suficiente para crear en ellas un gran temor de escoger el camino equivocado, o tomar la decisión incorrecta, tanto que prefieren posponerlo hasta que tengan una mayor claridad acerca de cuál camino tomar. No obstante, como podrá imaginarse, en la mayoría de los casos, estas personas terminan por posponer sus sueños indefinidamente, utilizando uno de los ya conocidos, "un día de estos", "cuando se pueda", "una vez que se calmen un poco las cosas", o "cuando el viento sople a mi favor".

Sin embargo, ¿qué sucede si decide que debe llegar a Los Angeles mañana mismo?

¿Qué efecto tiene esta fecha –mañana— en su comportamiento? Primero, le da urgencia a su meta. Sabe que debe comenzar a preparar el viaje inmediatamente. Segundo: ¿cuál es el único medio de transporte que le permitirá llegar a Los Angeles mañana? El avión. No hay otra opción, porque ningún otro medio de transporte le llevará allí tan rápido como quiere.

El solo hecho de asignar una fecha específica a su meta hace más fácil seleccionar la mejor manera de lograrla. Esta simple decisión elimina una multitud de alternativas y le permite identificar el mejor camino, el vehículo más apropiado para lograr su meta. Si no está dispuesto a poner una fecha específica para el logro de sus objetivos, francamente, es mejor que se olvides de ellos, porque van a ser más fuente de frustraciones y fracasos que de alegrías.

Así que acepte el reto de especificar una fecha frente a cada uno de sus sueños, y salga tras ellos con la absoluta certeza de que los va a lograr. Con esta fecha como punto de referencia, verifique periódicamente su progreso y haga los ajustes necesarios a su plan de acción.

Otro gran beneficio de establecer una fecha concreta para el logro de sus metas es que le ayudará a dar prioridad a sus actividades. Saber que cuenta con un lapso específico de tiempo, le obligará a enfocar sus esfuerzos en aquellos objetivos que responden a su propósito de vida y le ayudará a desarrollar una actitud positiva hacia las actividades y trabajos que deba realizar.

Escoja las escalas que debe realizar

Ya tiene el dónde y el cuándo, ahora hablemos del cómo que es el que traduce su misión de vida y sus metas a largo plazo en objetivos y metas intermedias y en actividades diarias. Por el momento enfoquémonos en cómo convertir nuestros grandes propósitos en metas a mediano y corto plazo. Después hablaremos de las actividades diarias.

Toda meta, por más grande que parezca, puede alcanzarse si la fraccionamos en trozos pequeños. Seguramente habrá escuchado aquella adivinanza que dice: ¿cómo podemos comernos un elefante?, y la respuesta obvia: de bocado en bocado. Imagínese si el *Tour de Francia*, la competencia ciclística más importante del mundo, se corriera en una sola etapa. ¿Se puede imaginar tratando de pedalear durante 3.600 kilómetros (2.235 millas) sin descansar? Seguramente, ninguna persona lograría tal meta. Sin embargo, cada año alrededor de 200 ciclistas comienzan la carrera, y la gran mayoría logra terminar el recorrido. ¿Cómo lo hacen?

En lugar de intentar correr una etapa de 3600 km. corren alrededor de 20 etapas, con un promedio de 180 km. cada una. ¿Ve? El solo hecho de tomar esta meta, aparentemente imposible, y dividirla en metas más pequeñas, la convierte en una meta realizable. De igual manera, los propósitos de vida y las grandes metas en ocasiones pueden parecer imposibles. De hecho, muchas personas permiten que esta aparente imposibilidad les haga desistir de perseguir tales propósitos. Una mejor respuesta es dividirlos en bocados pequeños que podamos digerir con más facilidad. Hágalo. Tome cada uno de sus sueños, establezca las escalas necesarias con sus fechas correspondientes y los pasos previos que debe dar para llegar allí.

¿Qué necesita aprender para vivir una vida con propósito?

El viaje de la vida es un continuo aprendizaje. Si ya supiera todo lo que necesita para lograr cada una de sus metas ya las hubiese logrado. Así que acoja con entusiasmo la idea de que deberá aprender ciertas habilidades, adquirir ciertos hábitos y sobreponerse a ciertos obstáculos en el viaje hacia la realización de su misión personal de vida. Todo esto influirá en el desarrollo de su itinerario de viaje.

Vivir una vida con propósito requiere que determine cuales son sus habilidades y fortalezas y cuales sus debilidades. ¿Con qué cuenta para alcanzar sus metas, y qué necesita aprender? ¿Qué recursos tiene a su alcance y a quién puede acudir en busca de ayuda? La respuesta a estos interrogantes le ayudará a moldear su plan de acción.

De nada vale poseer un ardiente deseo de triunfar si éste no está acompañado por el deseo de prepararse, de cambiar y de crecer. Si no está dispuesto a aprender todo lo que necesite; si no está dispuesto a prepararse, debe examinar de nuevo si la lista que ha elaborado previamente contiene sueños que realmente desea realizar, o si son simples fantasías con las cuales entretiene su mente.

Así que identifique aquellas nuevas aptitudes que debe desarrollar. Sería una buena idea revisar otra vez sus metas y su misión de vida para evaluar qué va a necesitar para hacer de ellas una realidad.

Otro paso es descubrir a quien puede acudir en busca de ayuda. Como seres humanos, el éxito, la felicidad y la misma supervivencia están íntimamente ligados a las interacciones que podamos tener con otros seres humanos. Todos necesitamos de otras personas. Admitir que podamos necesitar de la ayuda de otros no denota debilidad ni insuficiencia. Es simplemente la expresión de una de las facetas de todo ser humano.

Descubra quien puede ser de ayuda en su búsqueda de una vida con propósito. Desarrolle lo que Napoleon Hill llama una "Mente Maestra", un grupo de personas en cuyo ejemplo, consejos y guía pueda encontrar claridad sobre qué decisiones y acciones tomar.

Antes de partir en una gran expedición, el capitán del barco toma suficiente tiempo para seleccionar su tripulación. Él sabe cuán importante es elegir a un grupo de individuos que compartan su entusiasmo y compromiso hacia dicha expedición.

Hoy, usted es el capitán de esta gran empresa que le conducirá hacia la realización de sus metas más ambiciosas. Tome un tiempo para identificar su grupo de apoyo, un grupo asesor con cuyo respaldo pueda contar para el desarrollo de las diferentes etapas de su plan de acción.

Este equipo debe estar formado por gente que respete y admire; personas que también se estén moviendo hacia el logro de sus propios sueños; que apoyen sus planes y estén genuinamente entusiasmadas acerca de su decisión de salir tras ellos.

Puede escoger este grupo entre sus seres queridos, amigos, líderes comunitarios o espirituales, profesores, empresarios que conozca, colegas u otras personas que respete y en quienes puede confiar.

Al compartir sus ideas con personas que desean su éxito y apoyan su decisión de vivir una vida con propósito, puede beneficiarse de sus consejos. Es más, cuando conciba un plan de acción o desarrolle una estrategia para alcanzar cierta meta, es muy común que al revisarla una y otra vez no observe fallas o errores que puedan existir con estos planes. Estas personas pueden ayudarle observando esas situaciones que no son tan claras para su percepción.

Cuando esté escogiendo a su equipo asesor pregúntese: ¿quién exhibe el carácter, los valores y principios que deseo experimentar en mi vida?; ¿quién ha triunfado en el área en la cual deseo triunfar?; ¿quién está genuinamente interesado en mi éxito y es un ejemplo a seguir? Estas son las personas a las cuales debe escuchar.

No escuche a quienes digan que lo que usted quiere hacer es imposible, que debe ser realista, o que su experiencia no sirve de mucho. No pregunte a personas que hayan fracasado o que busquen desanimarlo de perseguir sus sueños.

Alguien que ha fracasado y renunciado, sólo puede enseñarle eso. Si le dijéramos que tenemos dos libros, uno que contiene todo lo que funciona y da resultado y el otro que contiene todo lo que no funciona y no sirve, ¿cuál de los dos le gustaría leer para aprender los principios que guíen su vida? La respuesta es obvia, ¿no es cierto? Así que escuche los consejos de personas que han triunfado pues son ellas y sus ideas y visión las que verdaderamente pueden ayudarle.

Una vez que haya terminado este proceso tendrá una lista de metas claramente definidas y en orden de prioridad. Habrá identificado con que cuenta y qué necesita aprender. Tendrá su lista organizada con todas las metas y objetivos intermedios que debe perseguir, las fuentes de ayuda, y todo aquello que necesita para alcanzar cada una de esas metas.

Visualizando el viaje en su totalidad

Una vez que haya desarrollado su plan de acción visualice cada uno de sus componentes y el resultado final como si ya fuese una realidad. Nunca lograremos aquello que queremos, sólo obtendremos lo que podamos visualizar claramente.

Leyó bien: ¡nunca conseguirá tener aquello que quiere, sólo aquello que pueda visualizar! Piense en esta idea por un momento, porque cuando la escuché por primera vez, debo confesarle que no le encontraba mucho sentido.

No obstante, después de observar a aquellas personas que han logrado materializar sus sueños y luego de hablar con muchas de ellas, nos hemos dado cuenta que todas tenían algo en común: una visión clara de lo que querían alcanzar; habían creado una imagen precisa de sus sueños y sus metas y podían visualizarse claramente logrando dichas metas.

Este poder de la visualización desempeña un papel importante en el funcionamiento de nuestra mente y cerebro. Estamos totalmente convencidos de que la fe en nuestro éxito, nuestro coraje y habilidad para tomar decisiones e identificar oportunidades, también dependen en gran medida de la claridad con que podamos visualizar las metas, sueños y éxito en general.

La visualización es una de las herramientas más valiosas en el camino hacia la realización de los sueños y este proceso comienza precisamente con su diálogo interno. De acuerdo con el doctor Karl Pribram, director del departamento de neuropsicología de la Universidad de Stanford, quien es uno de los más reconocidos expertos mundiales en lo que respecta a las diversas funciones del cerebro, y del poder de este diálogo interno; el poder de los pensamientos, de las ideas y, en general, de las palabras, radica en que éstas son traducidas a imágenes antes que el cerebro pueda interpretarlas. Estas imágenes tienen un gran poder sobre nuestras emociones, nuestras acciones y hasta sobre nuestro organismo.

El origen de este fenómeno fue descubierto por Steven La Berge, doctor en sicología de la Universidad de Stanford. La Berge dirigió un gran número de experimentos que demostraron que una imagen en la mente activa el sistema nervioso de igual manera que lo haría llevar a cabo la acción correspondiente. Con su investigación demostró que el cerebro era incapaz de distinguir entre una experiencia real y una vivamente imaginada.

Si se pone a pensar, en el telón de la mente subconsciente puede proyectar cualquier película imaginaria que elija. Las imágenes cerebrales que consistentemente mantiene en su subconsciente buscarán reflejarse en las circunstancias y condiciones de su mundo exterior.

¿Cómo puede ayudarle todo esto a alcanzar sus metas? Muy sencillo, si se toma el tiempo para identificar claramente cuáles son las metas y sueños que desea manifestar en su vida, se enfoca en ellos y le da la importancia que merecen. Si los define tan claramente, que pueda visualizarse ya en posesión de ellos, su mente le generará la habilidad para identificar oportunidades a su alrededor que le ayuden a alcanzar dichas metas.

No hay ninguna fuerza mágica o sobrenatural que opere aquí, es simplemente parte de las funciones fisiológicas del cerebro. En la medida en que se enfoca en cualquier sueño, por imposible que pueda parecer, piensa en él, lo visualiza, lo rodea de fuertes emociones, y desarrolla un profundo deseo por obtenerlo, activará y agudizará todos sus sentidos para que logren captar con mayor facilidad toda información sensorial proveniente del medio ambiente que pueda estar relacionada con esta meta.

Muchas personas utilizan este poder a diario. Su cerebro también está equipado con este mismo mecanismo. Lo único que tiene que hacer es aprender a usarlo y comenzar a ejercitarlo. ¿Cómo? Identifique sus metas, cree imágenes claras de ellas. Ayúdese con fotografías, postales, videos o lo que crea que le puede ayudar a visualizarlas más claramente. Alimente su mente con estas representaciones y así estará provocando cambios en su cerebro que mantendrán a sus sentidos alerta a todo lo que le pueda ayudar a materializarlas.

Así que para cada meta y cada sueño que quiera hacer realidad, busque una imagen que le permita visualizarse habiéndolo alcanzado. Si su sueño es viajar a cierto lugar del mundo, consiga imágenes de allí y póngalas en un sitio donde pueda verlas constantemente.

Si su meta es perder diez o quince kilos de peso para volver a su peso ideal, busque una fotografía suya cuando tenía ese peso, o tome una imagen del cuerpo que quiere tener y ponga sobre ella una foto de su cara. Puede parecerle motivo de risa, sin embargo, funciona. Es una manera efectiva en que trabaja el cerebro. Haga lo que se le ocurra para poder visualizarse ya en posesión de aquello que desea lograr y alimente su mente con estas imágenes. Hágalo y le sorprenderán los resultados.

Cuarto Paso:
Asegúrese de viajar ligero de equipaje.

*Si al franquear una montaña en
la dirección de una estrella, el viajero se
deja absorber demasiado por los problemas
de la escalada, se arriesga a olvidar cual
es la estrella que lo guía.*

—Tomado del libro, *El principito*
de Antoine De Saint-Exupery

Viajar es un deleite. En ocasiones puede ser agotador, pero si ponemos en la balanza el cansancio pasajero vemos que no es un inconveniente de peso comparado con los beneficios que producen las travesías. Algunos disfrutamos conduciendo por carretera; además de observar los cambios en el paisaje, se puede escuchar música, escuchar un audio libro que nos ayude a crecer en un área específica o simplemente nos puede servir para reflexionar y encontrarnos un poco con nosotros mismos a través de los pensamientos.

Viajar por vía aérea también nos brinda la posibilidad de recrearnos durante el recorrido. Podemos leer, escribir, ver alguna película, escuchar música o descansar. Los aeropuertos producen un ambiente y energía motivadores. Muchas emociones se conjugan en este lugar. Gente que con nostalgia despide a un ser querido; personas que expectantes tratan de visualizar el lugar hacia el cual se dirigen; empresarios que viajan con grandes ilusiones de expandir sus negocios, familias reuniéndose, enamorados despidiéndose. Es como ver la representación de la vida en un solo lugar. Unos llegan, otros están por partir temporalmente o para siempre.

A todo esto debe sumarle las situaciones propias de proceso de viajar –no todas agradables—, las filas, el papeleo, la espera, los retrasos, o el cargar con demasiado equipaje. El exceso de equipaje incomoda, dificulta o frena nuestra movilidad, nos fatiga y, en la mayoría de los casos, es innecesario.

Viajar ligero de equipaje tiene muchas ventajas. Podemos movernos más rápido; hay menos cosas por las cuales preocuparnos; es más fácil encontrar lugar y nos cansamos menos. En los aeropuertos existen estaciones especiales de auto chequeo para quienes viajan ligeros de equipaje, lo cual les evita hacer filas, perder tiempo y, en general, agiliza todo el proceso. En la vida sucede algo parecido, quienes vivimos con grandes cargas, perdemos habilidades y posibilidades para vivir mejor.

Deshaciéndonos de las creencias, dudas y temores que entorpecen nuestro viaje

Si debemos viajar ligeros de equipaje y elegir qué dejar, ¿qué mejor elección que deshacernos de aquello que no nos sirve, de aquello que nos perjudica y nos impide triunfar? Y entre eso, nada más dañino que nuestras creencias limitantes.

En su libro *Tú puedes si crees que puedes*, Norman Vincent Peale habla del poder que tienen nuestras creencias en la vida. Según él, las creencias que guardamos en la mente, tienen el poder de liberar el potencial que se encuentra dentro de cada uno de nosotros, pero si son erradas, también pueden llegar a limitar nuestra visión y nuestro potencial.

De hecho, el mismo Norman debió aligerar su equipaje. Él afirmaba que en una época de su vida sufría del peor complejo de inferioridad imaginable. Peale decía que finalmente aprendió, no cómo eliminarlo, sino cómo lidiar con él. Recuerda cómo una tarde después de clase, su profesor le dijo: "Norman, tú eres un excelente estudiante, pero cuando te hago una pregunta tu cara se pone extremadamente roja, te invade una pena y un temor exagerado, y tus respuestas generalmente son muy pobres, ¿qué te pasa?".

Norman Vincent Peale cuenta cómo él, después de aquel incidente, comenzó a leer los Ensayos de Emerson, las Meditaciones de Marco Aurelio, y en estos y otros grandes libros descubrió que con los poderes que residían en la mente humana todos los problemas podían ser solucionados. De esa manera comenzó a desarrollar su propia filosofía, la cual, más adelante, expresó en su gran libro: "El poder del pensamiento positivo". Todos podemos cambiar nuestros hábitos y comportamientos si sólo modificamos la clase de información con la cual alimentamos nuestra mente.

Esta pequeña anécdota ilustra el propósito de este cuarto paso. Norman Vincent Peale descubrió cuál era su debilidad y comenzó inmediatamente a trabajar en ella. Adquirió nuevas habilidades sin desaprovechar las aptitudes con que ya contaba. Ahora le pregunto: si él pudo pasar de ser una persona con un terrible complejo de inferioridad a ser uno de los más reconocidos escritores y conferencistas en el área de la autoestima, ¿se imagina lo que puede hacer usted?

Así que busque si existen en su vida creencias limitantes o paradigmas errados que le estén deteniendo de utilizar su potencial al máximo. ¿Por qué se encuentran en su mente? ¿Quién las puso allí? ¿Dónde las aprendió? ¿Son reales o no? ¿Tienen sentido o son irracionales?

Tristemente, muchas de estas creencias limitantes las adquirimos muy temprano en nuestro viaje, durante nuestros años de formación escolar, nuestra niñez y adolescencia. Con el tiempo, terminamos por aceptarlas como verdades incuestionables y se convierten en la fuente de todas nuestras excusas.

Este es el bagaje del cual debe deshacerse antes de proseguir su viaje. Si encuentra un tanto difícil hacerlo, piense en todas las oportunidades perdidas, los fracasos, o temores irracionales que son el resultado directo de conservar estas excusas. Despierte a la realidad de que quizás las creencias que han guiado su viaje hasta ahora no han sido las correctas. Tome la decisión de no continuar siendo víctima de ellas. Entienda que su futuro no tiene por qué ser igual a su pasado y que es posible cambiar y construir así un nuevo futuro.

Deshágase también de las dudas y los temores, dos de las emociones más limitantes que existen, ya que pronostican un posible fracaso, y por ende, nos impiden actuar. Debemos aprender a aceptar que las posibles caídas son parte del viaje, y que fracaso no es sinónimo de fracasado.

Wayne Dyer utiliza una metáfora que ilustra muy bien el resultado de cargar con estas emociones negativas y permitir que ellas determinen la clase de vida que decidimos vivir. Él dice que una picada de serpiente no mata a nadie. La picada en si no lo mata, lo que lo mata es el veneno que circula por su cuerpo después de la picada. En la vida sucede lo mismo. La caída, el fracaso o la adversidad no es lo que nos mata. Lo que suele acabarnos es cómo la procesamos, cómo la interpretamos, qué aprendemos o no aprendemos de ella.

Muchas personas continúan sufriendo de depresión por una caída sufrida meses o inclusive años antes. Muchos años después, aún el veneno de la tristeza, la decepción y el resentimiento circula por su organismo, reviviendo una y otra vez el recuerdo de aquella caída. Y ese recuerdo paraliza y no nos deja actuar.

Dos tipos de equipajes a desechar

Quienes se han mudado de casa comprenden perfectamente esa sensación que se genera cuando empacamos nuestras pertenencias. Aparentemente no tenemos muchas cosas que llevarnos, pero cuando empezamos a revisar los cajones, vaciar los roperos y armarios, empiezan a surgir más y más objetos; pareciera que se reprodujeran como conejos en primavera. Demasiadas pertenencias es igual a demasiado peso y demasiado peso es igual a menor velocidad y capacidad de movimiento. Esta lentitud nos lleva a no vivir, avanzar y disfrutar en la medida que podríamos hacerlo.

Hay dos tipos de cosas de las que debemos deshacernos para vivir más ligeros. Una de ellas son las cosas materiales de las cuales podemos prescindir. Como decíamos, tendemos a acaparar demasiados objetos que no utilizamos, no vemos y, en ocasiones, ni siquiera recordamos que tenemos. Lo único que hacen es ocupar un espacio y estorbar. El otro tipo de equipaje innecesario son los pensamientos y sentimientos negativos. Algunos de nosotros guardamos en los archivos de nuestra mente y corazón rencores y amarguras causadas por otras personas o por nosotros mismos.

El primer tipo de objetos nos estorba físicamente, pero el otro equipaje innecesario nos limita en nuestro desarrollo y crecimiento personal. Nos privamos de nuevas relaciones o de relaciones más satisfactorias; dejamos pasar pequeñas y grandes oportunidades; devaluamos el concepto que tenemos de nosotros y de los demás; dejamos de confiar en las personas y dañamos las relaciones con quienes amamos. Es muy importante identificar qué pensamientos y sentimientos limitantes o destructivos estamos reteniendo en nuestras vidas, para después deshacernos de ellos.

El grillete del elefante

Seguramente todos hemos escuchado la vieja historia de los elefantes de circo que permanecían atados a una pequeña estaca por una soga, de la cual, sin duda, podrían haberse liberado con un simple tirón. No obstante, aquellos enormes animales se balanceaban constantemente, sin tratar de correr hacia su libertad. La razón por la cual esta frágil soga era capaz de contenerlos está relacionada con la forma cómo fueron educados en su infancia. De pequeños se les ponía un grillete en una de sus patas. Éste se ataba por medio de una cadena a un poste.

Así, cuando el pequeño elefante corría, al llegar la cadena a su límite se tensionaba y lastimaba con el grillete la pata del animal. Después de que esto le sucedía varias veces, el elefante aprendía que no debía dar más pasos que los que le permitía su cadena. Se condicionaba mentalmente para no ir más allá del límite. Sus experiencias pasadas le habían enseñado que su capacidad estaba limitada por aquella cadena que podía sentir en su pata. Así que entendió que esa sería su vida, sólo le quedaba oscilar como péndulo en un mismo lugar, y terminó por convertirse en esclavo de su cadena.

Cuando el animal crece y lo llevan a las giras del circo, ya no es necesario atarlo con una cadena a un poste; ahora sólo se necesita colocarle una cuerda amarrada a una estaca. El elefante, al sentir el tirón de la soga cuando camina, se detiene temeroso de sentir el dolor que experimentó de pequeño con la cadena.

La realidad es que si el elefante entendiera que la soga no es más fuerte que él y que los daños que sufrió en el pasado por causa del grillete ya no son parte de su presente, de su realidad actual; podría dar un paso más y sería libre. Que desesperante para quienes lo vemos desde fuera de su vida, ¡está a un paso de su libertad y nunca lo da! ¿Cómo hacer entender a nuestro gigante amigo que su potencial y capacidad es mucho mayor de lo que él cree?, ¿cómo hacerle comprender que sus experiencias del pasado son sólo eso, pasado, y ya no tiene por qué detener su presente o condicionar su futuro?, que ha crecido, madurado y que hay un mundo nuevo de posibilidades y esperanza si se atreve a dar un paso más.

Con los seres humanos sucede lo mismo. A lo largo de nuestra existencia pasamos por experiencias que nos lastiman y que llegamos a creer que son el límite de nuestra capacidad. Tal vez de pequeños escuchamos que no somos buenos para la escuela. Lo aceptamos y comenzamos a comportarnos de acuerdo con esta creencia. Como resultado de ello, quizás reprobamos algunas materias y, finalmente, optamos por desistir de estudiar lo que anhelábamos pensando que esa cadena era más fuerte que nosotros.

Quizás algunas de estas cadenas vinieron a manera de reproches y críticas de alguna persona cercana a nosotros: "Tú no tienes capacidad para eso"; "eso no es para ti, naciste en una familia pobre y eso es para ricos", "eso es para hombres y tú eres una niña, entiéndelo", "tu mente no da para las matemáticas"; "soñar no sirve para nada, deja eso a un lado y pon tus pies en la tierra"; "si hubieras nacido con la inteligencia de tu hermano, entonces sí podrías, pero acéptalo, tú no eres inteligente", "no te quiero, sólo sabes dar problemas". Tal vez su cadena mental o emocional haya sido el resultado de una caída, un desengañó, un acto injusto, la pérdida de un ser querido u otra situación similar.

Esas experiencias que nos produjeron dolor se pueden convertir en lastres de nuestra vida. Son los grilletes del pasado. Debido a ellas desarrollamos temor a relacionarnos abierta y transparentemente con alguien más; desconfiamos de las personas, incluso de aquéllas que no nos han perjudicado y nos resistimos a hacer cualquier cosa que conlleve cierto riesgo. Dejamos pasar excelentes oportunidades porque no nos atrevemos a intentar cosas nuevas ya que pensamos que están más allá del límite de nuestra soga mental. "Eso no es para mi", "no tengo capacidad para aprender eso", "más vale no correr riesgos", "no creo que pueda hacerlo", "¿y si no lo logro?" Estos pensamientos son el fruto de cadenas del pasado.

La buena noticia es que hoy podemos decidir dar un paso más allá del límite y liberarnos de las cadenas de antaño. Podemos reconocer que somos libres y dejar atrás ese pasado. No importa que siga en nuestra memoria, lo importante es que nos demos cuenta que somos mucho más grandes y fuertes que esas cadenas. Tenemos el poder y la capacidad para crecer, desarrollarnos y alcanzar nuestros sueños. Esto es a lo que nos referimos cuando hablamos de viajar ligeros de equipaje.

¿Cómo podemos deshacernos de estos pesados frenos? Empecemos por perdonar a quienes "nos pusieron estas ataduras" y reconocer que somos más poderosos que lo que sucedió. Deshágase del terrible equipaje del rencor, el resentimiento y la venganza. Son maletas que hacen demasiado arduo nuestro camino, dificultan el viaje y no permiten que las heridas cicatricen. Suéltelas y siga su camino. Deje de hablar mal de quienes le lastimaron, deje de creer que es lo que otros le dijeron que era y atrévase a dar ese paso que falta. ¡Hoy puede romper la soga que le ha mantenido atado a una vida de mediocridad!

Los pasos que hay que dar son más sencillos de lo que se imagina. Decidir perdonar a quienes nos dañaron es tan sencillo como aceptar que eso sucedió, pero que no debe convertirse en un eterno presente. ¡Es pasado, déjelo allá! Pareciera que nos esforzamos por mantener en el hoy lo que sucedió hace días, meses e incluso años. Evite continuar viviendo como víctima del pasado. No permita que una antigua estaca lo mantenga atado o atada generando un presente que no es como le gustaría que fuera.

Perdonar no implica necesariamente que dejemos de sentir tristeza o dolor inmediatamente; lo que significa es que decidimos seguir adelante a pesar de ello. Comprométase consigo mismo para dejar de hablar mal de quienes le ofendieron. Utilice su energía, pensamientos y palabras en construir su futuro y disfrutar el presente, no en resucitar el pasado. El tiempo sana las heridas desinfectadas, pero gangrena las que no se desinfectaron bien.

Decidir perdonar es el desinfectante. Simplemente abra su corazón a Dios y dígale que toma la decisión de perdonar a quienes le han lastimado. Dígale la verdad, expóngale lo que siente, pero también exprese verbalmente que desea perdonarles, que los hace libres de culpa y que desea vivir en libertad.

No es necesario dejar de sentirse mal para perdonar; el proceso es exactamente al revés, dejamos de experimentar esas emociones después de que decidimos perdonar. Recuerde que al decidir perdonar no está buscando que se haga justicia, sino que está buscando alcanzar libertad interior. Atrévase a hacerlo, sus seres queridos, su futuro y usted mismo, se lo agradecerán.

Plan de acción

Aligere su equipaje mediante el proceso de desaprender

Aprender es toda una aventura; es crecer, descubrir nuevas cosas acerca nosotros mismo y del mundo que nos rodea. La gran mayoría de las personas recuerda con cariño y nostalgia la época de la escuela. Y aunque presentar exámenes y entregar tareas, no necesariamente son actividades que recordamos con especial agrado, es indudable que la escuela deja en la mayoría de nosotros una huella indeleble. Sin embargo, el verdadero aprendizaje no consiste en memorizar fechas, fórmulas y datos o tener información sobre cierto tema. Toda esta información puede ser útil para desarrollar conversaciones interesantes durante un almuerzo o una reunión de amigos, pero eso no es aprendizaje, es simple información.

Resulta cierto que a partir de esa información podemos construir un proceso que nos lleve al aprendizaje; pero tener datos y conocimientos no es garantía de que estamos aprendiendo. Aprender es adquirir el conocimiento y la experiencia que nos permita hacer algo que antes no creíamos poder lograr. En cierto sentido, cuando creemos que hemos aprendido algo nuevo, en realidad, sólo hemos descubierto algo que ya se encontraba dentro de nosotros, pero que no habíamos utilizado hasta entonces. La capacidad de hacerlo ya se encontraba en nuestro interior. El aprendizaje sólo nos reveló dicho talento.

Sin embargo, para aprender algo nuevo, muchas veces es necesario desaprender información vieja o conceptos que se encuentran en nuestra mente, ya que ellos pueden entorpecer el aprendizaje de nuevos conceptos. ¿Le ha sucedió alguna vez que adquiere un nuevo aparato electrónico, un nuevo equipo de sonido, por ejemplo, y cuando intenta operarlo, basado en lo que venía haciendo con el equipo anterior, encuentra que no funciona? Se rehúsa a leer el manual de operación, porque piensa que la experiencia le ha hecho un experto en la materia. Así que la única explicación posible es que el aparato ha salido defectuoso y tendrá que regresarlo. Después de varios intentos y cada vez más frustrado, decide leer el manual, y encuentra que, por ser más moderno, el nuevo equipo cuenta con funciones que el anterior no tenía, y que no hay nada malo con su funcionamiento. Con su orgullo herido, comprende que quizás no todo lo que ha aprendido en el pasado es útil para aplicarlo en el presente.

Así que necesitamos identificar qué aprendizajes previos debemos desechar con la intención de adquirir nuevos. Esto no significa que debemos deshacernos de todo lo que hemos aprendido en el pasado –cosa imposible por cierto— sino que debemos estar abiertos a desaprender algunas cosas. ¿Cuáles? La respuesta es muy sencilla, aquéllas que no me están ayudando a vivir la vida que deseo.

Deténgase unos instantes a pensar en lo siguiente: ¿cuáles son las áreas de su vida en las que, a pesar de esforzarse por tener buenos resultados, no los ha podido alcanzar? Es muy probable que esto se deba a que no ha aprendido cómo alcanzar dichas metas. Recuerde que aprender es adquirir la habilidad para lograr aquello que antes no podía alcanzar. Entonces necesita reconocer que, en las cosas y actividades en las que no tiene los resultados que busca, simplemente no ha aprendido lo necesario para llegar a donde quiere.

Es posible que conceptos errados o información incorrecta que reposan en el interior de su mente le estén frenando de aprender, quizás haya adquirido conceptos equivocados o crea que ya sabe todo lo que necesita y usted ha parado de aprender. Continuar haciendo lo mismo que no funcionó antes, sólo garantiza los mismos resultados que ha tenido hasta ahora. Recuerde que es absurdo pretender obtener resultados distintos mientras continúe haciendo lo mismo. Atrévase a desaprender todo aquello que le pueda estar limitando.

Elimine de su mente y de su vocabulario todas aquellas ideas y expresiones que le limitan. Muchas personas sienten que como nadie en su familia ha asistido a la universidad, ellos tampoco podrán hacerlo. Utilizan expresiones como: "en mi familia todos somos gordos", "mi madre nos enseñó que en una reunión era mejor mantenernos callados y no hablar", "Si comienzo el día sin una taza de café estaré de mal genio todo el día", "lo que sucede es que los hispanos somos así; llegamos tarde a todo. Es parte de nuestra cultura".

Estas y otras expresiones reflejan ideas y pensamientos falsos, que poco a poco se convierten en hábitos, hasta que llegamos a creer que son parte de nuestra naturaleza y que actuar contra ellos es auto destruirnos. Esto es falso y la lógica debe ser exactamente al revés. Poseemos algunas costumbres que nos están destruyendo y limitando y, si queremos ser libres, necesitamos atrevernos a romperlas.

Seguramente al tomar este tipo de decisiones algunas personas, como el reportero, se molestarán. Es algo que no podemos evitar porque suele haber gente que prefiere continuar con las tradiciones aunque no le permitan crecer, que atreverse a ir más allá y romper aquellas costumbres que han dejado de ser una ayuda para convertirse en una cadena.

Quinto Paso:
Aprenda a disfrutar el recorrido

*"No hay cosa mejor para el hombre
sino que coma y beba, y que su alma
se alegre en su trabajo.
También he visto que esto es
de la mano de Dios"*

—Salomón.

El viaje de la vida puede ser una hermosa aventura o un valle de lágrimas

Abraham Lincoln solía decir: "toda persona es tan feliz como se propone serlo". Cada uno de nosotros tiene la oportunidad de elegir si hará de su viaje una hermosa aventura o un valle de lágrimas. Esta es una elección personal. Comienza con nuestra percepción del mundo, con las ideas e imágenes que consistentemente mantenemos en nuestro subconsciente, ya que éstas buscan manifestarse en nuestro mundo exterior.

Las acciones y sucesos externos son sólo la manifestación física de las acciones y sucesos internos. Nos convertiremos en todo aquello en lo que pensemos constantemente. Este es quizás el principio fundamental del éxito y la felicidad.

El pesimista vive en un mundo negativo y deprimente, mientras que el optimista vive en un mundo positivo, lleno de oportunidades. Y lo más curioso de todo es que se trata del mismo mundo.

Las diferencias que ellos observan son sólo el resultado de sus pensamientos e imágenes dominantes. La buena noticia es que si en este momento usted no está viviendo la clase de vida que siempre ha deseado, puede cambiar esa realidad modificando la calidad de información con la cual alimenta su mente.

Recuerde que todo lo que se manifiesta en su vida es el resultado de lo que previamente se ha manifestado en su mente. Ciertamente, todos y cada uno de nosotros somos "los arquitectos de nuestro propio destino". Determine qué tipo de imágenes suele mantener en su mente y pregúntese si le están ayudando o perjudicando.

Todos tenemos la libertad de escoger en qué decidimos enfocar nuestra atención. Lamentablemente, muchos eligen enfocarse en cosas que los limitan. Vigile con cuidado en qué se concentra. Su mente es como una cámara de video y su interpretación del mundo no es más que el resultado de aquello que elija para enfocar su cámara. Imagínese por un momento que va a una fiesta. Seguramente habrá notado que casi siempre hay una persona que decide que, sin importar lo que suceda, ella no se va a divertir. Toma la decisión de estar aburrida y nadie la hace cambiar de parecer. Generalmente la vemos en una esquina, sentada, con los brazos cruzados, y una cara de enfermo que aterra.

Ahora imagínese que llega a la fiesta y decide enfocar su cámara sólo en esta persona. Toda la noche mirándola a ella. ¿Cuál va a ser su interpretación de la fiesta? Si alguien le pregunta, seguramente responderá que la fiesta estuvo aburridísima. Es posible que las otras cien personas hayan tenido una velada espectacular y se hayan divertido mucho, pero usted ha evaluado la fiesta basado en el comportamiento de una sola persona, ya que en ella concentró su cámara.

La pregunta importante es: ¿será una evaluación acertada del ambiente que reinó en el festejo? Por supuesto que no. Sin embargo, ¿no es esto lo mismo que usted está haciendo cuando decide qué clase de día va a tener, basado únicamente en el clima, o cuando dice que nadie lo aprecia, basado solamente en la opinión de una persona?

¿Qué sucedería si decide dirigir su cámara hacia otra persona durante la fiesta? Quizás haya encontrado que en toda celebración también hay por lo menos una o dos personas que han decidido que van a pasar el mejor rato de su vida. Ellos se fueron a divertir como si ese fuera su último día. Gozan, ríen, bailan y celebran, a tal punto que su sola presencia dice: ¡Entusiasmo! ¡Alegría! ¿Qué sucede si decide enfocar su cámara en esta persona? ¿Cambiaría su percepción de la fiesta? Por supuesto que sí.

Con usted sucede exactamente lo mismo. Si decide que quiere tener una gran vida, si desea que hoy sea un día espectacular, le aseguro que hay muchas cosas en su vida a las que puede dirigir la cámara de su mente que le harán sentirse contento, entusiasmado y feliz. Si en lugar de salir de casa por la mañana y mirar las nubes, ve el sol que se encuentra detrás de ellas, o si encauza su atención en la gente, la naturaleza, sus sueños, o sus logros, seguramente va a tener un gran día y una gran vida.

No obstante, tiene otra opción. Si quiere sentirse deprimido, infeliz, triste y derrotado, también va a poder encontrar eventos en su día y en su vida sobre los cuales centrar sus energías, que seguramente le harán sentirse de tal manera. Lo más increíble de todo es que hay personas que han programado su cámara para que sólo encuentre los eventos que van a hacer que se sientan derrotadas y débiles. ¿No le parece triste?

Es posible que conozca a algunas de estas personas. Son aquéllas a quienes les dice: "que hermoso día para ir al parque, ¿verdad?", y le responden, "sí, pero no celebres todavía que con seguridad llueve más tarde". O les dice: "que hijo tan inteligente tiene, es un genio para la ciencia y las matemáticas", y le responden "sí, pero tiene muchos problemas con la ortografía". Son incapaces hasta de recibir un elogio; "¡qué bonita está!"; "pero no sabe lo mal que me he sentido últimamente".

Lo peor de todo es que no sólo enfocan sus cámaras en sus flaquezas o en sus caídas, sino que hacen un *zoom* con ella; toman el evento y llenan con él toda la pantalla de su mente. Lo agrandan y le dan proporciones gigantescas a cosas relativamente triviales. Si un día experimentan un tropiezo, sin importar los demás logros que hayan obtenido, suelen decir: "¿por qué será que a mi todo me sale mal?" No permita que esto le suceda. Recuerde que ningún evento constituye toda su realidad.

Para los fracasados cualquier acontecimiento adverso se convierte en toda su realidad, mientras que el triunfador sabe que su éxito depende, en gran medida, de ver las cosas como pueden llegar a ser y no necesariamente como son. Esto también se llama fe.

Saber dónde enfocar nuestra visión, inclusive frente a las circunstancias más adversas, nos ayuda a crear expectativas que influirán de manera dramática en los resultados que obtengamos. Así que decida qué clase de viaje va a tener.

Dé relevancia a su viaje cada día de su vida

Todos queremos triunfar, lograr nuestras metas y disfrutar este maravilloso recorrido. Anhelamos disfrutar cada día que tenemos. No obstante, a pesar que deseamos vivir a plenitud nuestro presente, hemos terminado por aceptar el éxito y la felicidad no como algo presente y cercano, sino como un punto en la distancia. Como algo lejano, y a veces inalcanzable. No hemos considerado la posibilidad de que lejos de ser un destino, el éxito sea el camino mismo.

Entonces nos convencemos que sólo seremos felices y podremos sentirnos triunfadores una vez arribemos a cierto punto en nuestro futuro. Pensamos o hacemos afirmaciones tales como: "cuando termine la escuela entonces podré decir que he triunfado". "Cuando me case seré feliz". "Cuando compre una casa, entonces sí podré decir que he llegado a la meta". "Cuando tenga hijos seré verdaderamente feliz". "Una vez logre la libertad financiera podré sentirme triunfador".

Lo cierto es que si no aprendemos a disfrutar el camino no podremos gozar a plenitud nuestros logros. Más importante que alcanzar una meta, es la persona en la cual nos convertimos como resultado de perseguirla. En otras palabras, el destino no es la única razón del viaje, el recorrido nos ofrece tantas dichas como nosotros estemos dispuestos a disfrutar. Hemos crecido creyendo que disfrutar la vida es llegar a tener o ser algo. Pensar así no es negativo, pero es limitante. Nos impide reconocer que la felicidad no está en las cosas, los logros, un lugar o la riqueza; sino en nuestra capacidad para disfrutar de las cosas, personas y situaciones que experimentamos cada día.

La naturaleza nos da ejemplos al respecto. ¿Cuál es la razón de ser de un frondoso naranjo?, ¿cuál es el destino de su viaje?, ¿para qué oxigenarse, absorber nutrientes de la tierra y aprovechar el agua que reciben sus raíces? Su misión es proveer un saludable, delicioso y jugoso alimento para los humanos. Sin embargo, el árbol puede proveer y "disfrutar" otras funciones mientras va cumpliendo su misión central. Sus ramas proyectan una fresca sombra bajo la cual una familia puede comer; los niños pueden trepar por su tronco y ramas y desde allí, con gran imaginación, emprender un viaje al espacio o establecer su fuerte de batalla. De sus firmes brazos horizontales se pueden colgar un par de cuerdas para formar un columpio. Toda criatura tiene una misión por cumplir y muchas actividades que realizar y gozar mientras vive ese cometido. El fruto no es lo único que podemos disfrutar de la vida, hay mucho más.

Disfrutando al máximo cada momento

Una pregunta recurrente en todo viaje, especialmente si hay niños, es: "¿cuánto falta para llegar?" Este cuestionamiento significa que el anhelo es arribar al final de la trayectoria, no continuar por el camino. Pensar que lo único valioso de una travesía es llegar al destino es caer en el error de creer que éxito es solamente alcanzar el resultado deseado. Seguramente algunas personas están convencidas que nada es más importante en la vida que cumplir los objetivos trazados o llegar a la meta. No es así. De hecho, esta manera de pensar es la que produce un alto grado de frustraciones e insatisfacción en la gente, incluso en algunos que tienen una vida llena de logros y bendiciones.

Cuando todo lo que importa es el resultado final, dejamos de valorar nuestro aprendizaje, disfrute y crecimiento. Incluso nos desanimamos porque vemos que a pesar de tanto esfuerzo no obtuvimos el objetivo deseado. Así, en lugar de considerar que hemos crecido y mejorado, nos concentramos en lo que no obtuvimos. Obviamente nos sentimos frustrados.

Es importante vivir a conciencia el presente, el momento, los amigos y la realidad que tenemos hoy. Cuando somos niños jugamos a ser adultos, deseamos calzar los zapatos de papá o mamá. Al llegar a la adolescencia pretendemos ser mayores, queremos tener acceso a actividades y lugares diseñados para adultos y cuando finalmente alcanzamos la edad adulta, anhelamos tener las leves responsabilidades de los niños o adolescentes. Pareciera que lo único que disfrutamos de nuestro viaje es el lugar en el que no estamos; y cuando reflexionamos y deseamos regresar a disfrutar el camino que ya recorrimos, es imposible.

Vivir así es vivir esperando el final del camino y dejar de contentarse con el recorrido. El destino llegará si nos cuidamos de ir sobre la ruta correcta; pero ¿por qué pensar que lo único importante es el final? Por supuesto que es fundamental alcanzar los objetivos que nos hemos trazado; es muy satisfactorio y gratificante, pero es algo engañoso, ya que no depende solamente de nosotros, ni es posible que tengamos todas las variables existentes bajo control.

Cuando pensamos que nuestros esfuerzos sólo son valiosos si se ven recompensados con los logros, ignoramos que para obtenerlos dependemos en buena medida de la participación y desempeño de otros factores que están totalmente fuera de nuestro alcance. No somos el único agente que participa en la consecución de nuestras metas. Por ello, es conveniente que comprendamos que, como dijimos anteriormente, más importante que el logro de una meta es la persona en la cual nos convertimos mientras caminamos hacia nuestro objetivo.

El éxito personal y el éxito dependiente

¿Qué es el éxito? ¿Es haber logrado la meta propuesta o saber que hemos hecho nuestro mejor esfuerzo a pesar de no haber logrado nuestro máximo objetivo? En este sentido podemos decir que hay dos tipos de éxito: el personal y el dependiente.

Cuando hablamos de éxito personal, nos referimos al tipo de éxito en el que debemos concentrar y enfocar nuestro tiempo y energía, ya que es el único que depende totalmente de nosotros. Alcanzar el éxito personal significa que al concluir un evento o lapso en el que trabajamos para obtener un objetivo determinado, nos sentimos orgullosos de nuestro desempeño y comportamiento, independientemente del resultado final.

Es tener éxito en el proceso, en cómo actuamos y no exclusivamente en el resultado. Es estar contentos después de concluir una conversación difícil, independientemente de que se haya logrado lo que buscábamos. Nos encontramos satisfechos porque dijimos todo lo que debíamos decir sin ofender, respetando al otro, escuchándolo y habiendo sido escuchados. Es saber que hemos hecho nuestro mayor esfuerzo; que nos comportamos lo mejor que pudimos; que dimos lo mejor de nosotros para lograr algo.

En una competencia deportiva cuando hablamos de éxito, sólo pensamos en "el ganador", "el número uno", "el primer lugar", "la medalla de oro". Sin embargo, cuando nos referimos al *éxito personal* en esta sección, nos referimos a nuestro logro personal, saber que hemos dado absolutamente todo lo que pudimos dar; quizás sea mejorar nuestra propia marca, independientemente del lugar en el que quedemos. Y aunque, seguramente, algunos pueden pensar que este tipo de razonamiento es una manera de justificar la mediocridad, de tratar de explicar la derrota, no es así.

La realidad es que hacer nuestro mejor esfuerzo es todo lo que necesitamos para ganar. Además, existen otros factores que también afectan los resultados, muchos de los cuales están totalmente fuera de nuestro control. En el caso de la competencia deportiva, hay otros jugadores que también buscan su éxito personal. Al igual que nosotros, ellos también se están esforzando por ganar.

En las olimpiadas del 2004 en Atenas, la velocista mexicana Ana Gabriela Guevara, era la deportista favorita para ganar la competencia de los 400 metros planos. Dos años antes, Ana había ganado la Liga Dorada y el *Grand Prix* del atletismo, máximas competencias mundiales de este deporte después de las olimpiadas. La expectativa de los conocedores del atletismo y especialmente, de los mexicanos, era que la velocista tenía una posibilidad muy grande de obtener por primera vez en la historia de su país una medalla de oro en esa disciplina.

Guevara ganó la medalla de plata, segundo lugar a pesar de haber experimentado una lesión en una de sus piernas, meses antes de la justa. Aunque una parte de sus seguidores quedaron satisfechos con su desempeño, mucha gente comentaba ese logro como un fracaso porque no obtuvo la presea máxima. Estos críticos olvidaron un detalle sumamente importante, Tonique Williams, la atleta de Bahamas que llegó en primer lugar, quince décimas de segundo antes que Ana, también participaba en la justa. Ella, al igual que la mexicana y el resto de las finalistas, también hacía su máximo esfuerzo por romper su mejor tiempo. Williams entrenó tan duro como las demás, con el deseo, esperanza y convicción de ganar la carrera.

Es indudable que la corredora mexicana tuvo un grandioso éxito personal, dio lo mejor de sí; entrenó a conciencia; trabajó y cuidó cada detalle de su proceso de entrenamiento. Hizo un excelente proceso. Sin embargo el desempeño de sus contrincantes de pista no dependía de ella, sino de cada una y eso estaba totalmente fuera de su control.

Así, aunque no obtuvo el máximo éxito dependiente, la medalla de oro, probablemente sí obtuvo el éxito personal: dar lo mejor de sí a lo largo del período de entrenamiento y durante la competencia. El éxito personal es un logro privado, algo que sólo la persona involucrada puede conocer, pues sólo él o ella realmente saben que tan satisfechos pueden estar respecto a su desempeño y comportamiento ante cada reto o circunstancia.

Por otra parte, el *éxito dependiente* consiste en obtener el resultado que se buscaba. Si logré mi objetivo tuve éxito, si no, no lo obtuve. Apostarle al éxito dependiente es ganar todo o no ganar nada. En nuestro ejemplo, para los seguidores que sólo ven el éxito dependiente, Ana Guevara perdió, pues no ganó el oro; echó por la borda cuatro años de preparación; su esfuerzo fue infructuoso; malgastó parte de su vida; dejó pasar su gran oportunidad. En cambio, quienes no sólo ven el éxito dependiente comprenden que la corredora obtuvo una victoria muy meritoria con su medalla de plata. Mejoró su posición olímpica, puso en alto el nombre de su nación y el de los deportistas latinoamericanos, y demostró ser de las mejores del mundo en esta competencia. Cierto, no ganó el oro, pero no perdió todo, no fracasó, obtuvo una gran victoria.

Engolosinados con el éxito dependiente

En los países occidentales crecimos con una cultura que nos dice que el éxito dependiente es todo. Estados Unidos es un país donde se enseña que ser el número dos no cuenta. Si usted no es el número uno, es un mediocre o un fracasado. Entiendo que en las competencias deportivas el objetivo es ganar y me parece adecuado; pero la vida no es un deporte. Nuestra familia, las relaciones laborales, nuestra salud y la felicidad no consisten en ver quien gana. Vivimos para obtener logros, pero de una manera adecuada.

¿De que sirve alcanzar una meta si sabemos que la alcanzamos incorrectamente?, ¿qué satisfacción nos puede traer alcanzar un objetivo económico y perder nuestra relación de pareja?, ¿qué tanto éxito significa realizar el viaje de nuestros sueños solos, sin alguien querido con quien disfrutar y compartirlo?, ¿a quién hace feliz que sus hijos posean las mejores calificaciones escolares pero anhelen irse de casa por falta de relación y cariño familiar? Eso suele suceder a los hombres y mujeres exitosos en sus resultados, pero débiles en el éxito personal.

Por supuesto que lo ideal es obtener los dos tipos de éxito. Es maravilloso llegar al destino deseado después de disfrutar la travesía. Por supuesto que de eso se trata; sin embargo debemos estar concientes que siempre hay factores que van más allá de nuestra capacidad para manejarlos y eso no nos debe estropear el viaje.

Vivir con un enfoque en el éxito personal incrementa las posibilidades de obtener el éxito dependiente; ya que si nos concentramos en hacer lo mejor posible todo aquello que está dentro de nuestra responsabilidad y círculo de acción, lo más probable es que las cosas salgan bien. Si nos enfocamos en cuidar con todo detalle cada parte del proceso que depende de nosotros, la consecuencia natural es obtener un resultado positivo. Si recorremos la ruta correcta, respetando los señalamientos, deteniéndonos a cargar combustible, dándole mantenimiento al vehículo y disfrutando el paisaje y al resto de pasajeros, seguramente llegaremos felices al destino.

El mejor pago del éxito personal es vivir en

paz. Ésta es una sensación fruto de saber que lo que hemos logrado lo hemos conseguido de manera correcta, responsable y respetuosa. Quienes caminan por la vida sin un pasado que les persiga, viven en armonía. Esto sólo se logra trabajando en el éxito personal.

El poder de dar

Una y otra vez la Biblia nos enseña que es mejor dar que recibir. Tal vez éste sea uno de los grandes placeres de la vida que muchos dejamos de experimentar. Si le parece increíble la idea de que hay gozo y satisfacción cuando damos a los demás desinteresadamente, probablemente se deba a que no lo practica lo suficiente. Como cualquier acción, ésta también se desarrolla a medida que la practicamos más. Haga la prueba, atrévase a compartir sus bienes, tiempo y conocimiento con gente que lo requiera. Incremente su capacidad de dar. Cada vez dé a más gente o con mayor abundancia y libertad. Asista al gimnasio de la generosidad y desarrolle cada día su músculo dadivoso.

Vivir compartiendo nos produce grandes beneficios. Nos volvemos menos dependientes de las cosas materiales; ordenamos nuestras prioridades; fortalecemos el espíritu; hacemos más ligero nuestro viaje y bendecimos a alguien más. Aprender a desprendernos de las cosas nos permite tomar control y dominio sobre nosotros mismos, y nos ayuda a someter el egoísmo.

Una excelente perspectiva para ver la realidad es considerarnos simples administradores, no propietarios, de los bienes que poseemos; lo cual, a fin de cuentas, es verdad, pues nada nos llevaremos al morir, absolutamente nada. Con nuestro último respiro también se esfuma la propiedad de todo.

En el funeral de un hombre millonario dos personas conversaban, uno era muy cercano al difunto y el otro un conocido del mismo. Este último, sabiendo que el otro tenía más información sobre el fallecido millonario, le preguntó: ¿cuánto dinero dejó? La respuesta fue aplastante: "lo dejó todo". Así es la vida, nada nos llevaremos pues realmente nada nos pertenece. Podemos optar porque nuestros bienes se repartan cuando ya no estemos o disfrutar compartiéndolos cuando tenemos vida, a fin de cuentas, siempre pasarán a manos de alguien más.

Plan de acción

Compartir el camino

Una forma práctica de disfrutar el recorrido y con ello tener éxito personal, es compartir algo de nosotros con los demás pasajeros del recorrido. Cuando damos algo nuestro a los demás nos sentimos satisfechos. Es un logro sobre el ego y un depósito en el corazón de otra persona. Dar no sólo nos ayuda a quitar los ojos de nosotros y ponerlos en los demás, cosa que nos hace libres; sino también nos permite fortalecer las relaciones humanas.

Cuando damos algo experimentamos paz. Cuando no estamos acostumbrados a dar es porque seguimos siendo esclavos de aquello que no podemos compartir. Sólo somos dueños de aquellas cosas que podemos dar con libertad, ya que cuando no somos capaces de compartir algo se debe a que no somos dueños de ese algo, sino por el contrario, somos sus esclavos.

Veamos algunos ejemplos prácticos de cosas que podemos hacer para disfrutar del viaje a través de compartir con los demás el recorrido del mismo.

1. **Podemos compartir la experiencia que hemos adquirido enseñando a otros.** No es necesario ser maestro de escuela o universidad

para enseñar. Podemos ayudar a otros a aprender aquello que nosotros hemos aprendido, ya sea un oficio, una habilidad o un deporte. Colaborar en el aprendizaje de alguien más es una excelente manera de trascender y hacer el viaje más enriquecedor, ya que mientras compartimos esos conocimientos también aprendemos; desarrollamos relaciones y disfrutamos el privilegio de ver como otro ser humano, cambia, crece y alcanza nuevas alturas. Pocas cosas producen tanta satisfacción como aligerar la carga de otro ser humano mediante la ayuda o el consejo que podamos ofrecerle. Una manera de hacer esto es utilizando nuestro talento y nuestro tiempo en servir a personas o agrupaciones que lo necesiten, sin solicitar nada a cambio. Este tipo de actividades es sumamente satisfactorio, especialmente cuando logramos vencer nuestro ego y lo hacemos calladamente, sin buscar el reconocimiento de los demás.

2. **Escuchar es una excelente manera de sembrar.** Todos anhelamos ser escuchados. Vivimos en una sociedad que promueve más el hablar que el oír a otros. En la escuela aprendimos a leer y escribir; es posible que inclusive hayamos recibido alguna guía sobre como expresar nuestras ideas, pero pocos recibimos instrucción alguna sobre el importante arte de saber escuchar. Por todas partes se puede observar como esa carencia de escucha genera

problemas, malentendidos y distanciamiento entre las personas. Detenernos y ofrecer nuestros oídos, corazón y tiempo para simplemente oír a otros; sin juzgarles y sin dar consejos, puede hacer una gran diferencia en sus vidas. Simplemente estar con ellos, acompañarles y ser un recipiente de parte de sus vidas.

3. **Visitar amigos y familiares que no hemos contactado en largo tiempo.** Esta es otra manera de disfrutar el viaje. Hay personas que estimamos y que por razones diversas dejamos de ver por largos períodos. Si no le es posible visitarlas puede hacer una llamada telefónica; escribir un correo electrónico o enviar una carta por correo. Detalles como éstos van dejando una estela de gratitud y buen sabor tanto en ellos como en nosotros. ¿Cómo se siente cuando recibe un saludo inesperado de algún amigo o familiar? Usted también puede provocar esa sensación en otros y disfrutar de verles nuevamente. ¿Qué espera? Contactarlos le hará ganar por partida doble: usted gana y ellos también.

4. **Tome tiempo para compartir con sus seres queridos.** Muchos de nosotros vivimos a un ritmo exagerado. Creemos que vivir con propósito es hacerlo apresuradamente. Iniciamos la jornada antes que salga el sol y nos vamos a la cama muy tarde en la noche. A pesar de

ello no nos damos tiempo para bajar el ritmo y compartir relajadamente con las personas que tratamos a diario.

Hablamos sobre trabajo, responsabilidades, dinero, urgencias y actividades por realizar. Hacemos que nuestra vida gire alrededor del trabajo y la economía y dejamos de disfrutar momentos de recreación y descanso, incluso con nuestros familiares más cercanos. Comemos de prisa, sin saborear los alimentos ni disfrutar de la compañía. Hay parejas que no suelen tomar una tarde para charlar sobre temas que no tengan que ver con sus responsabilidades, ya sean laborales, económicas o familiares. Han convertido su viaje en una obligación eterna, sin tiempo para ellos, para reír, jugar y disfrutar los pequeños deleites que produce el estar compartiendo este hermoso trayecto.

SEXTO PASO:
¡Actúe ya!
Empezar es la mitad del camino

*El que mira al viento, no siembra
y el que mira a las nubes, no cosecha.*

—Salomón

———— ❦ ————

Muchos nunca empiezan la carrera

Un plan pobre puesto en marcha tiene la posibilidad de producir mejores resultados que un plan extraordinario sobre el cual nunca actúes. La acción es el gran diferenciador. Ciertamente, empezar es más de la mitad del camino. Cuando da el primer paso en su camino hacia la realización de sus sueños y su propósito de vida, gran parte del trabajo se ha hecho.

La falta de acción es uno de los factores responsables por una gran cantidad de sueños fallidos y vidas frustradas. Muchas personas van a través de la vida como simples espectadores, descuidan el actuar para hacer realidad sus sueños. Permiten que el miedo, la inseguridad o la indecisión los paralice. Cualquiera que sea la razón que lo esté deteniendo para alcanzar sus metas, el único remedio es la acción.

Lo pasos que ha dado hasta ahora son importantes para diseñar una vida con propósito, pero este paso es vital. Si no lo da, es como si hubiese entrenado para los Juegos Olímpicos, para competir en la carrera de los cien metros. Usted quería estar allí y estaba dispuesto a pagar el precio. Entrenó arduamente por varios años, fueron muchas mañanas solitarias tratando de mejorar su marca, muchos meses de sudor, dolor y entrega total. Ahora se encuentra un centímetro atrás de la línea blanca, al lado de otros siete competidores que tienen en mente el mismo objetivo tuyo, ganar la carrera.

De repente oye el llamado: "¡en sus marcas!" y todos los músculos de su cuerpo se tensionan, la adrenalina corre por cada fibra de su ser; el éxtasis es indescriptible. De repente escucha el disparo al aire que da inicio a la carrera, y observando cómo todos los competidores se precipitan hacia la meta de llegada, usted se para lentamente y se devuelve a su casa con el triste recuerdo de aquello que pudo haber sido.

¿Tiene esto algún sentido para usted? Por supuesto que no. De igual manera, ¿tiene algún sentido el saber exactamente hacia dónde quiere ir, qué es lo que desea lograr, y entusiasmarse con la posibilidad de poder lograrlo, y después no hacer absolutamente nada al respecto? ¡No!

En cierta ocasión le preguntaron a Bill Gates cuales eran, a su modo de ver, los pasos más importantes para alcanzar el éxito. Bill respondió: "Es importante tener una visión clara de lo que desea lograr en su vida, es primordial crear oportunidades que nos ayuden a materializar esa visión, pero es vital tomar acción inmediata".

Muchas personas llegan a este punto y permiten que el temor al fracaso los detenga. No permita que esto le suceda a usted. Eche a andar su plan. Ahora que ha podido desarrollar su plan de acción, es crucial que empiece inmediatamente a implementarlo. No caiga preso de las urgencias de la vida diaria. No de espacio para que la duda se apodere de su mente. Tenga siempre presente que si no hace hoy absolutamente nada para acercarse a sus metas, se habrá alejado de ellas.

Así que frente a cada una de las metas y objetivos que ha identificado —aquéllos que le permitirán vivenciar su propósito de vida— escriba una acción específica para su logro, algo que le ponga en movimiento en las próximas 24 horas. Si no está dispuesto a hacer esto debe cuestionar si en realidad estas metas son tan importantes como asegura que son.

La lección es muy sencilla: Un propósito o misión de vida que no logre manifestarse en sueños y metas claras no es un buen propósito; una meta que no vaya acompañada de un plan para su logro no es una buena meta; y un plan que no se pueda traducir en acción inmediata no es un buen plan. Así que como ves, la acción es el ingrediente que transformará su propósito de vida y sus sueños en realidad.

No se preocupe por el fracaso, éste no es importante, a menos que sea la última vez que va a tratar. Preocúpese por todas las oportunidades que perderá si no intenta lo que sabe que tiene que hacer. Abraham Lincoln empezó su carrera política a los 23 años de edad. No obstante, los siguientes 28 años estuvieron plagados de caídas, reveses políticos y rotundos fracasos que hubiesen hecho desistir a cualquier otra persona. Sin embargo, él continuó tras su sueño y fue así como a los 51 años de edad se convirtió en presidente de los Estados Unidos. ¿Qué habría sucedido si Lincoln hubiese renunciado a su sueño después de su tercera, quinta o décima derrota política?

Así que si falla la primera vez, vuelva a intentarlo. Si falla la segunda vez, examine dónde está la falla, cambie las estrategias o los planes si es necesario, pero nunca desista de sus metas. No se concentre en sus debilidades o éstas le corresponderán haciendo de usted su refugio. Eche a rodar su plan y no se detenga hasta haber logrado su propósito.

No contamos con tiempo infinito

Una de las razones por las que postergamos la acción es porque no estamos totalmente concientes de nuestra fragilidad. Aunque al reflexionar sepamos que no es así, vivimos como si fuéramos eternos; como si nuestra existencia terrenal no tuviera fin. Dejamos las cosas para mañana porque pensamos que mañana estaremos aquí, pero la realidad es que no sabemos si será así.

Este pensamiento podría parecer demasiado dramático, pero es real. En la película "Mi vida", Michael Keaton representa a un padre de familia al que le han diagnosticado cáncer. El pronóstico médico sentenció que no viviría más de tres o cuatro meses. Cuando llegó la fecha límite marcada por los médicos, Keaton abrazó a su esposa mientras le decía que a partir de ese día vivía tiempo extra. Este hombre tomó plena conciencia de lo frágil y leve que es la vida.

¿Cómo viviría si conociera su fecha límite?, ¿actuaría igual que como lo hace actualmente?, ¿utilizaría su tiempo de diferente manera?; ¿aceleraría algunas acciones y decisiones? Nosotros estamos en las mismas condiciones que el personaje de la película, la única diferencia es que no nos han dicho la fecha. Sin embargo nuestras vidas tienen un límite. Este es un tema que no le gusta abordar a muchas personas; se asustan al pensar en la muerte o se resisten a hablar de ello.

Nuestra intención no es desanimarle, sino todo lo contrario. Pensar en que no tenemos tiempo ilimitado debe ser un aliciente para disfrutar al máximo el presente. Debe alentarnos a invertir nuestros días en acciones que realmente sean significativas e importantes para nosotros. No pierda su tiempo, pues jamás lo podrá recuperar.

El fracaso no es importante a menos que sea la última vez que va a tratar

En el viaje de la vida, un impedimento, un desvío imprevisto, una curva, o un bache en la mitad de la carretera, no son el final del camino. Son solo obstáculos que debe sortear. De la misma manera, una caída no es más que eso, una caída. No es el fin del mundo. No es el destino queriendo decirle que es incapaz y que debe abandonar su meta. Una piedra en el camino no es señal de que debe detenerse y dar marcha atrás.

Hay dos cosas importantes que debemos aprender en lo que al fracaso se refiere. Primero, que el objetivo no es evitar las caídas, puesto que éstas no sólo son parte de la vida, sino que nos enseñan lecciones que nos ayudarán a alcanzar el éxito. Y segundo, debemos entender que el fracaso no es importante, a menos que sea la última vez que vamos a intentar algo. Como dice el viejo adagio: "No importa que se caiga siete veces mientras que se levante ocho."

El objetivo no es evitar los fracasos. Puede sonar extraño, pero piénselo. Imagine que una de sus prioridades más importantes es evitar los fracasos, caídas, reveses, resbalones o como quiera llamarlos. ¿Cuál sería la consecuencia de esto? ¿Asumiría riegos? Seguramente no.

¿Sería más creativo o iría más a la segura? ¿Innovaría o mantendría las cosas como están? ¿Saldría tras nuevas aventuras o se quedaría en el camino conocido?

Lo cierto es que evitar los fracasos es un mal negocio porque si lo logra, pierde.

Lo importante no es evitar las caídas, sino aprender a caer bien. Y para eso, créanlo o no, se necesita práctica. Porque la verdad es que la inmensa mayoría de nosotros entrenamos y nos preparamos para el éxito y nos olvidamos del fracaso. Si examinamos la vida de cualquier persona, desde aquéllas que lograron triunfar y materializar sus metas más ambiciosas, hasta quiénes no lograron sobrepasar el lindero de la mediocridad, encontraremos algo en común a todos ellos: enfrentaron más fracasos que éxitos.

A todos nos va a pasar lo mismo; vamos a experimentar más caídas y a afrontar más situaciones adversas, que triunfos. Así que no es absurdo sugerir que todos deberíamos entrenar también para el "fracaso", puesto que para alcanzar el éxito es necesario, la mayoría de las veces, experimentar varios reveses.

La mayoría de nosotros hemos crecido en un entorno donde se exalta al triunfador y se ridiculiza al perdedor. Esto trae como resultado que evitemos las caídas a toda costa. Sin embargo, el fracaso no es el enemigo. De hecho, aprendemos más de las experiencias retadoras y de los tropezones, que del éxito mismo. El triunfo no es un buen maestro, pero el fracaso nos enseña mucho. El fracaso es bueno, es el fertilizante que debemos utilizar si queremos cosechar grandes éxitos.

¿Qué sucede si permitimos que los fracasos nos paralicen? Quizás el siguiente ejemplo –uno de los primeros experimentos realizados en la ciencia del comportamiento— nos dé una muestra de los terribles resultados de ello. Un grupo de ratas de laboratorio recibía descargas eléctricas cada vez que trataban de comer de un recipiente que se encontraba dentro de su jaula. Muy pronto, como era de esperarse, las ratas dejaron de acercarse al recipiente de la comida por temor a la descarga eléctrica.

Después de un tiempo, los científicos que llevaban a cabo el experimento, realizaron dos cambios importantes. Primero, pusieron en la jaula una comida aún más apetecible que la primera y, segundo, desconectaron el circuito que les estaba propinando la descarga eléctrica a los animales.

¿Qué sucedió? Las ratas continuaron evitando la comida por temor a la descarga eléctrica. Debido al condicionamiento negativo del pasado, las ratas prefirieron no comer y eventualmente murieron de hambre antes de arriesgarse a acercarse a la comida y posiblemente recibir otra descarga eléctrica. ¿Se imagina preferir enfrentar la muerte antes que enfrentar la posibilidad de un nuevo fracaso? Si tan solo las ratas hubiesen intentado una vez más, habrían podido comer hasta la saciedad, sin ninguna consecuencia negativa; habrían recuperado la fuerza y la salud perdidas y habrían regresado a una vida normal, pero ni siquiera lo intentaron.

Tan cruel como pueda parecerle este experimento, aún más cruel es que muchas personas hoy viven esta misma realidad. Al igual que las desdichadas ratas de laboratorio, permiten que la programación negativa del pasado, las caídas anteriores, las críticas o fracasos, las disuadan de aspirar a algo mejor. Ellas se han auto-programado o han sido programadas por sus padres, profesores, familiares, amigos, o inclusive perfectos desconocidos, para creer que son personas comunes y ordinarias, y por eso hoy les resulta difícil creer que poseen el potencial necesario para triunfar.

Es como si los descalabros del pasado hubiesen cerrado para siempre las puertas de la oportunidad de éxitos futuros. Sin embargo, tenga presente que el futuro no tiene que ser igual al pasado. Siempre puede cambiar, aprender y crecer.

Necesitamos ser valientes y flexibles. Una curva en la carretera no es el final del camino… a menos que no demos la vuelta.

Ignore al meteorólogo

Constantemente escuchamos bromas respecto a la inexactitud de las personas que pronostican el clima. Aunque cada vez esta profesión es más acertada gracias a que los métodos y técnicas para predecir las condiciones climáticas van perfeccionándose al ritmo del desarrollo tecnológico. Sin embargo, es preocupante que haya quienes decidan cómo actuar, o que se abstengan de hacerlo, porque vieron que el pronóstico del clima no era el que deseaban.

El proverbio bíblico reza: "El que mucho ve al cielo jamás sembrará". En otras palabras, si esperamos que las circunstancias estén a nuestro favor para actuar, nunca lo haremos. Debemos perder el miedo a las curvas del camino y seguir avanzando. En ocasiones será prudente disminuir la velocidad; pero no debemos detenernos porque el contexto en el que nos encontremos no se muestre totalmente favorable.

Simplemente pensemos si es indispensable, e incluso posible, que la gran mayoría de circunstancias que vivimos sean propicias para que podamos realizar nuestros proyectos. Si Colón hubiera pensado así jamás habría zarpado, ni Mahatma Gandhi habría creído y luchado porque su nación alcanzara la independencia de manera pacífica. Para estos personajes de la historia, como para todos los grandes hombres y mujeres que han dejado un legado importante en la humanidad, la realidad era adversa a sus deseos, no sólo no era ideal, sino que les era sumamente contraria.

Quizás algunos pueden argumentar que esos personajes han trascendido en la historia porque eran seres humanos fuera de lo común; que contaban con habilidades innatas que los ponían por encima de la persona promedio. Sin embargo, todos conocemos gente que ha alcanzado logros; quizá no tan espectaculares, pero logros al fin, a pesar de no contar con todos los recursos, apoyo y habilidades que hubiesen deseado. Hombres y mujeres que han sacado adelante a su familia a pesar de haber perdido su trabajo o enfrentado una difícil situación económica; viudas que sin tener experiencia laboral sacan fuerzas de su necesidad y emprenden victoriosamente una lucha contra la adversidad; empresarios resueltos que inician un negocio sin contar con los recursos suficientes y gracias a su pasión y entrega construyen grandes empresas de lo que no era sino un sueño; jóvenes que se destacan en una disciplina cuando nadie hubiera pensado que lo harían.

Tal vez usted es uno de ellos. Quizá usted ya ha vivido esa maravillosa experiencia de descubrir que es posible obtener logros a pesar de las circunstancias que enfrenta. Probablemente ya ha experimentado que no es necesario contar con toda la información, conocimiento o recursos para empezar a actuar. Entonces hágalo nuevamente, hágalo constantemente. No deje sus sueños guardados en la memoria o en una agenda, ¡actúe ya!

La vida nos enseña que hay días soleados y días de lluvia. Las estaciones del año nos recuerdan que las condiciones cambian, las hojas caen de los árboles y las ramas reverdecen en primavera. Pero eso no es un impedimento para que la naturaleza entera siga viva, moviéndose, avanzando. La naturaleza posee la capacidad de adaptarse a esos cambios. Tal como los brazos de un árbol se inclinan buscando la luz del sol cuando ésta no les llega directamente; las personas debemos alcanzar nuestros objetivos a pesar de que no todo esté a nuestro favor.

Dios nos ha creado como la corona de su creación. Los seres humanos poseemos una capacidad muy superior a la que estamos desarrollando. Estas no son simples palabras para motivarlo, son la realidad. Todos poseemos más potencial del que estamos utilizando. Nuestros cuerpos, mentes y espíritus poseen mayor capacidad de la que imaginamos. Seguramente usted ha escuchado la cita del evangelio que nos dice que al que cree, todo le es posible. ¿Con base en la opinión de quien prefiere basar sus decisiones para actuar: en la de la persona que da el pronóstico del clima, o en la de Dios?

PLAN DE ACCIÓN

Alguna vez, un buen amigo me dio la siguiente definición de la palabra infierno: "Infierno es llegar al final de su vida y encontrarse cara a cara con la persona en la cual pudo haberse convertido". Espero que esta definición le asuste tanto como me asustó a mí cuando la oí por primera vez. Recuerde que nada sucede a menos que usted actúe con decisión. Su futuro no tiene por qué ser igual a su pasado. Usted puede cambiar. Usted puede tomar hoy mismo la decisión de que, de ahora en adelante, va a viajar en primera clase. No sienta que debe esperar hasta terminar de leer este libro para actuar. Actúe ya mismo y continúe leyendo.

Su plan de acción en este paso consiste en eliminar los tres enemigos más comunes de la acción:

1. Parálisis producida por el exceso de análisis. Sin duda alguna, el mayor enemigo de la decisión es el exceso de análisis. No estamos hablando del análisis, la preparación y la investigación rutinaria que debe preceder toda acción. En el paso tres hablamos de lo importante que es diseñar su plan; tener una creación mental y escrita. Nos referimos a sobre analizar las cosas buscando garantías absolutas; preparando dos o tres salidas para todo los problemas que se puedan presentar; queriendo encontrar tres o cuatro personas que coincidan con que la decisión que estamos a punto de tomar es acertada.

Ponga en marcha sus planes. No se preocupe de todos los problemas que puedan surgir. Muchas personas planean y ensayan su propio fracaso al malgastar una gran cantidad de tiempo anticipando lo peor. Los grandes triunfadores aceptan los riesgos que generalmente acompañan la búsqueda del éxito. Esa valentía, ese arranque, ese entendimiento de que todo gran sueño demanda acción inmediata y que las metas que en efecto valen la pena, muchas veces requieren tomar riesgos y estar dispuestos a aceptar las consecuencias. Eso es lo que distingue al ganador del perdedor.

Si sufre de parálisis producida por el exceso de análisis, practique la ignorancia selectiva. ¿Qué quiere decir esto? Es sencillo. Sáquese de la cabeza la idea de que tiene que saber todo acerca de un proyecto antes de empezarlo. Los abejorros no deberían volar ya que tienen unas alas proporcionalmente demasiado pequeñas para su cuerpo. Sin embargo, ellos vuelan sin ningún problema porque ignoran este hecho. De hoy en adelante conviértase en un abejorro.

Actuar de inmediato implica fe. Ésta es un atributo del ser humano que le permite llegar más allá de lo que los ojos le permiten ver. Siempre habrá riesgos y límites; pero no nos corresponde a nosotros establecerlos. Actuar por fe implica proceder con base en lo que esperamos, no en lo que vemos. De allí que la enseñanza bíblica nos ejemplifica que debemos ser como niños en cuanto a la fe. Los pequeños primero actúan y después aprenden si era correcto o no. Su punto de partida es que se pueden hacer las cosas. Esa es su manera de aprender, de desarrollarse y de ir alcanzando sus metas.

Hay personas que dicen no tener fe, pero la realidad es que sí la tienen, sólo que de manera negativa. No toman decisiones porque imaginan que el proyecto no va a funcionar, que las cosas saldrán mal. Están actuando con base en algo que no pueden ver. Eso es fe, sólo que es una fe pesimista, negativa. Están convencidos de que lo que todavía no existe va a suceder. Han desarrollado su capacidad de actuar con base en la imaginación, pero sólo imaginan lo malo.

No se detenga, actúe ya. Si espera, posterga lo que más anhela. Cada minuto que pospone es un minuto que lo aleja de la vida que podría tener y de los proyectos que podría realizar. Recuerde que lo importante no es que tan brillantes son sus sueños, sino que empiece a vivirlos. Si la vida es un viaje, lo importante es iniciar el recorrido. Lo peor que puede hacer un viajero es no viajar.

Una vez que tenga el conocimiento suficiente para empezar un proyecto comiéncelo; lo demás lo aprenderá a lo largo del camino. Recuerde que el líder aprende a dirigir dirigiendo. La única alternativa para aprender a conducir bicicleta es subirse a ella y pedalear. Seguramente habrá caídas y rodillas raspadas; pero eso no es un fracaso, es el proceso natural de aprendizaje.

2. Tomar decisiones con lentitud y cambiarlas rápidamente. En su libro *Piense y hágase rico*, Napoleón Hill reporta cómo un estudio efectuado con más de 25.000 hombres y mujeres que habían experimentado el fracaso, puso de manifiesto el hecho de que la falta de decisión era casi siempre el motivo que encabezaba la lista de las causas más comunes del fracaso. De igual manera, al analizar las vidas de varios cientos de personas que habían logrado acumular grandes fortunas, se encontró que todas y cada una de ellas tenía el hábito de tomar decisiones con rapidez, y cambiarlas con lentitud cuando surgiese la necesidad de hacerlo. La persona promedio actúa de manera totalmente opuesta, ella toma decisiones muy lentas, si llega a tomarlas, y las cambia con rapidez y a menudo.

Si éste es su problema, he aquí una idea que le ayudará a tomar decisiones con prontitud y a perfeccionarlas poco a poco.

La razón más común por la cual muchas personas tienen dificultad en tomar decisiones rápidamente, es que quieren asegurarse de comenzar su camino con un plan perfecto. El problema es que entre más trate de perfeccionar el plan antes de empezar, más problemas, dudas y mejores opciones saldrán a flote. Aprenda de Microsoft. Escriba la versión 1.0 de su plan, y póngala en práctica inmediatamente. Después de echar a andar el plan, muy pronto sabrá qué funciona y qué no funciona con su plan para producir entonces la versión 2.0. No pretenda tener esta nueva versión ni se de por vencido después de una o dos semanas de haber empezado. Recuerde que el éxito toma tiempo.

Es de sabios solicitar consejo, pero es de necios seguirlos siempre. Muchas veces encontraremos sugerencias opuestas sobre un mismo tema de personas listas e inteligentes. Cuando vamos a tomar una decisión y solicitamos un consejo, encontramos respuestas diversas. Esto no significa que no acudamos a quienes consideramos personas sabias; sin embargo, debemos entender que quien nos brinda un consejo no es responsable de nuestra decisión. Nosotros lo somos.

Tristemente en la vida nos cruzamos con personas bien intencionadas que tienden a quitarle plumas a las alas de quienes desean volar. Con firmeza y aludiendo al aprecio que sienten hacia nosotros, nos advierten respecto a tomar riesgos; afirman que nos irá mal, que las cosas no van a salir como deseamos; que no debemos soñar o que debemos esperar más tiempo. Estos comentarios pueden provocar que nos detengamos a analizar un poco; pero debemos recordar que sólo nosotros podemos decidir no actuar. Los demás sólo dan opiniones; pero no pueden detenernos. Ese es un derecho y facultad que compete a cada uno. Recuerde que nadie, sólo usted puede detenerse de actuar a favor de su sueño.

3. No convertir nuestras decisiones en acciones inmediatas. Hasta el viaje más largo del mundo comienza con un primer paso. No obstante, la falta de decisión para tomar este primer paso es lo que se interpone entre muchas personas y la realización de sus sueños. ¿Cuál es la solución? Una vez que tome una decisión, asegúrese de implementarla lo más rápido que sea posible.

El triunfador sabe que el mejor momento para empezar es este momento que ahora se encuentra frente a él. Aquéllos que esperan a que termine el semestre, o a que los niños salgan a vacaciones, o hasta recibir el aumento, o al próximo mes, o cualquier otra de las excusas que suelen utilizar para justificar su inactividad, aquéllos que esperan a que cambien las cosas a su alrededor antes de ellos cambiar interiormente, raramente comienzan.

Muchas personas pasan su vida sentadas a la vera del camino esperando que todas las circunstancias estén a su favor, esperando que todo esté en perfectas condiciones antes de salir en busca de sus sueños, sin comprender que todas las condiciones nunca van a ser las correctas para empezar, y si por alguna razón así fuera, es muy posible que alguien que decidió no esperar por ese momento se les haya adelantado. Los grandes triunfadores han entendido que el mejor momento de empezar es hoy.

Si quiere eliminar la falta de decisión en su vida, le sugerimos que considere adoptar la regla de las seis horas. Esta regla dice que si dentro de las seis horas siguientes a la toma de una decisión no da el primer paso hacia su implementación, las posibilidades de que dicha decisión llegue a producir los resultados deseados disminuyen vertiginosamente.

Así que de ahora en adelante recuerde que toda meta, todo sueño, todo objetivo y propósito que desee alcanzar debe ir acompañado de por lo menos una actividad significativa que pueda poner en práctica dentro de las siguientes seis horas. De manera que frente a cada uno de los sueños y metas que desea alcanzar, escriba una lista de todas aquellas acciones o actividades específicas que pueda desarrollar ahora o en el futuro, que le ayudarán a alcanzar dicha meta.

Recuerde que lo importante de estas actividades es que las pueda comenzar a realizar tan rápido como sea posible. Posteriormente, dispóngase a incorporar estas actividades en su diario vivir. No olvide la regla de las seis horas.

Verifique frecuentemente si va en la dirección correcta

Un hombre debe ser suficientemente grande como para admitir sus errores, suficientemente inteligente como para aprovecharlos, y suficientemente fuerte para corregirlos.

Evaluando los resultados obtenidos

¿Recuerda la terrible sensación que experimentamos cuando no estamos seguros si el camino sobre el que vamos es el correcto? ¿Le ha sucedido eso alguna vez? Ansiamos que junto al camino aparezca un letrero que nos indique si vamos por la ruta adecuada; dudamos acerca de si debemos continuar o regresar a la última intersección de carreteras; esperamos que aparezca alguien que nos pueda orientar y reducimos la velocidad. Por momentos creemos que vamos por el camino indicado y unos segundos después dudamos nuevamente. Es terrible.

Es por eso que una parte importante de todo plan de acción es la evaluación. Una vez que pongamos a andar nuestro plan es vital comenzar a medir los resultados obtenidos. Esto nos permitirá determinar nuestro progreso, si nos estamos moviendo en la dirección correcta o qué cambios o ajustes necesitamos realizar a nuestro plan original.

Imagínese preparándose para correr la carrera de los 100 metros durante los Juegos Olímpicos. Todos los días se levanta a entrenar, va a la pista y corre durante cuatro o cinco horas buscando optimizar cada aspecto de su rendimiento personal: condicionamiento físico, resistencia, velocidad, respuesta en el arranque, cierre. Lo único que ha olvidado hacer es llevar consigo un cronómetro que le permita evaluar si su tiempo está mejorando o no.

Usted puede sentir que está superándose; puede creer que está siendo más eficiente; puede percibir aparentes mejoras en ciertos aspectos; pero a menos que cuente con un cronómetro que le permita medir de manera objetiva e inequívoca si está mejorando o no, su entrenamiento tiene poco sentido.

Las personas que deciden vivir una vida con propósito están siempre dispuestas a evaluar el resultado de sus decisiones. Por su parte, la persona promedio prefiere vivir en la oscuridad, contentándose con creer que ha hecho lo mejor que puede, pero sin medir la efectividad de sus acciones. Si ignora esta parte del proceso nunca sabrá a ciencia cierta qué debe corregir, cambiar o eliminar de su plan de acción.

Los automóviles modernos poseen sistemas computarizados que nos brindan excelente información sobre diferentes mediciones. Gracias a estos sistemas podemos conocer el rendimiento del combustible; los galones de gasolina que quedan en el tanque; qué distancia podemos recorrer con ellos; el estado y niveles del aceite y agua que utiliza el motor, etc. Debido a que recibimos esta información, podemos programar en qué lugar nos detendremos a cargar gasolina; cuándo cambiaremos el aceite; cuánto dinero necesitaremos para terminar el viaje, etc.

Una buena manera de evaluar de manera continua nuestro rendimiento, productividad y resultados es asegurándonos que antes de empezar cualquier proyecto desarrollemos un sistema que nos permita llevar a cabo dicha evaluación. No esperemos hasta haber empezado para determinar cómo vamos a evaluar los resultados. Con antelación debemos determinar qué vamos a medir, cómo vamos a hacerlo, cuándo vamos a medirlo y cómo vamos a actuar si los resultados no son aquellos que nosotros deseamos obtener. Saber la respuesta a estos cuatro interrogantes antes de empezar cualquier proyecto, garantizará que podrá evaluar de manera efectiva y objetiva los resultados del mismo.

La intención de evaluarnos es poder corregir. El propósito no es ponernos una estrellita en la frente si vamos bien o deprimirnos si no llegamos. No, la idea es que podamos ir midiendo cómo vamos para asegurarnos de que llegaremos a nuestra meta. Si vemos que vamos atrasados en nuestros tiempos o que hemos desviado nuestro rumbo, entonces podemos corregir y dirigirnos nuevamente hacia nuestro destino.

Determinando el cómo y el cuando de nuestra evaluación

Para cada meta que nos propongamos necesitamos determinar cómo vamos a evaluarla. Es muy importante, como comentamos en capítulos anteriores, que nuestras metas sean claras y específicas. No se trata de decir: "mi viaje será hacia el Norte", ya que es sumamente general y por lo mismo, muy difícil de medir con exactitud. Requerimos ser muy específicos: "mi viaje será hacia Chicago, espero llegar allí el 25 de febrero de tal año". Eso es específico y por lo tanto, medible.

Ante un objetivo claro y puntual resulta muy fácil determinar cómo medirlo. Si para la fecha citada no estamos en Chicago, el objetivo no se cumplió. Esto nos lleva a entender ahora por qué era tan importante establecer también las escalas en el viaje que mencionamos en el tercer paso.

Esperar hasta el final para hacer una evaluación implica que ya no tendremos tiempo para corregir el rumbo, modificar la estrategia y alcanzar la meta en el tiempo propuesto. Por el contrario, si establecemos metas intermedias –escalas de viaje– podemos monitorear nuestro avance, realizar modificaciones al plan inicial, medir nuestro progreso y determinar si nos estamos desviando del camino.

Al pensar en el *cómo* es muy importante que identifiquemos aspectos específicos a medir. Los parámetros de medición que establezcamos deben poder traducirse en números, fechas y acciones específicas que puedan ser medidas. Las generalidades y vaguedades nos mantienen en la oscuridad, no nos permiten ser objetivos y proactivos y, peor aún, nos pueden dar la sensación de estar siendo eficientes cuando en realidad no es así.

Por ejemplo, si nuestra meta tiene que ver con lograr una mejor salud, no podemos limitarnos a evaluar si nos sentimos mejor, o si creemos que nos vemos más delgados. Debemos ser absolutamente específicos en cuanto a cuál debe ser nuestro peso ideal, y cuántas libras necesitamos bajar. Debemos establecer cuando esperamos haber llegado allí. Necesitamos determinar si debemos reducir o eliminar el consumo de ciertas comidas de nuestra dieta, o si nuestro nivel de colesterol está donde debería estar.

Una vez que hemos realizado este ejercicio, será mucho más sencillo medir nuestro progreso. Podemos establecer la regularidad con que determinaremos nuestro peso para verificar nuestro progreso de acuerdo con la meta establecida. Muchas personas utilizan un calendario para asegurarse que están consumiendo una dieta balanceada durante la semana, o para mantener un control sobre el tiempo que están dedicando al ejercicio de su cuerpo; otras determinan el número de calorías consumidas durante cada comida para asegurarse que nos sobrepasan el límite estipulado. Todas ellas tienen algo en común: ellas miden su progreso y no se limitan a creer que están progresando o a tratar de adivinar cuanto han avanzado.

La manera incorrecta sería ponerse como meta: "bajar de peso para la fecha de navidad". Aparentemente esto es correcto porque pusimos una fecha, pero no especificamos cuántos kilos queremos bajar. Imagínese que llega el 25 de diciembre, nos subimos a la báscula y nuestro peso es medio kilo menos que lo que pesábamos cuando nos pusimos la fecha. Técnicamente sí bajamos de peso, pero ¿estamos satisfechos?, ¿era esa la cantidad que deseábamos o necesitábamos bajar para llegar a nuestro peso ideal? Seguramente no, pero como no establecimos una cantidad específica no podemos medirlo.

La forma correcta de establecer esa meta es determinar el peso exacto y la fecha. "bajaré 15 libras para el 25 de diciembre de este año". Esto es específico y lo podemos medir. Incluso podemos calcular cuántas libras debemos bajar mensualmente para lograr el objetivo final en diciembre. Así, por ejemplo, si faltaran siete meses para navidad, podemos pesarnos cada mes con la expectativa de aligerar nuestro peso dos libras.

Es muy importante que desde que hagamos la creación mental del proyecto, determinemos las metas o escalas en las que dividiremos el objetivo mayor. Recordemos que esas metas menores también deben tener una fecha y características específicas que nos permitan medirlas. Para garantizar que no olvidaremos dichas fechas, es importante anotarlas en nuestra agenda.

Cuando llegan las fechas establecidas hacemos nuestra evaluación y anotamos los resultados obtenidos para compararlos con nuestras expectativas iniciales. El resultado será motivo de celebración o de reflexión. Para eso existe el punto siguiente.

El peligro de la inmadurez material

Si se propone alcanzar grandes metas; sigue los pasos que mencionamos y se sostiene en el camino, seguramente cosechará muchos beneficios además de su satisfacción personal. Estas añadiduras suelen ser satisfactores materiales y en sí mismas son una bendición, pero si nos descuidamos se pueden convertir en nuestra propia condena. En ocasiones, es posible ver a una persona que prospera, terminar desviándose de su verdadero propósito. Tal vez conozca a alguien que, después de trabajar y esforzarse, alcanza cierta fama o fortuna y en lugar de disfrutarla con moderación, aprender a compartir sus logros en beneficio de otros; su éxito se le sube a la cabeza y empieza a perder lo más valioso que posee: sus seres queridos, su paz espiritual, su carácter.

Cuando no tenemos la madurez suficiente para manejar la prosperidad, ésta nos manejará a nosotros. San Pablo, escribió a Timoteo, su discípulo, la siguiente afirmación: "Porque el amor al dinero es raíz de toda clase de males y hay quienes, por codicia, se han desviado de la fe y han llenado de sufrimiento sus propias vidas" (1 Timoteo, 6:10). Los bienes materiales y la riqueza son un medio, no un fin.

Todos sabemos que el dinero no compra el cariño, la paz, ni la felicidad. Aunque, repito, prosperar económicamente no es malo. El problema no es el dinero, sino cómo nos comportamos nosotros respecto a él. San Pablo no dice que el dinero es la raíz de los males, sino el amor al dinero. Del amor al dinero surgen los fraudes, los robos, las traiciones, los engaños, la mentira y todas las consecuencias que estas actividades producen.

Un adagio popular reza que el dinero cambia a las personas. Desde nuestro parecer esto no es totalmente cierto. El dinero no modifica la forma de ser de la gente, tan sólo la hace más evidente ante los demás. Es decir, el carácter de la gente es puesto a prueba cuando tiene poco y cuando tiene mucho. Cuando alguien atraviesa una crisis financiera, requiere mostrar carácter para no rendirse a pesar de las dificultades que enfrenta. Pero cuando una persona vive en la riqueza económica, necesita mucho carácter para no dejarse seducir por el ego y la avaricia.

En el momento en que una persona inmadura prospera, su inmadurez se manifiesta más fuerte, porque el problema jamás es el dinero, es ella. Una persona madura entiende que el dinero es tan solo un recurso. Reconoce que con la prosperidad viene también la responsabilidad de compartir, de dar. Quien no se atreve a dar con abundancia tenderá a quedar atrapado en las garras de la avaricia y ésta impide que se disfrute lo mucho o poco que tenemos de riqueza.

El antídoto más efectivo contra el ego, la avaricia y la inmadurez es ser dadores constantes. Esto significa que debemos estar atentos a las oportunidades que nos muestra la vida para compartir con otros lo que poseemos.

No existen atajos para lo más valioso de la vida

El mundo nos ofrece falsos remedios y curas instantáneas para todo. Vemos en televisión comerciales que nos dicen que podemos bajar de peso considerablemente sin practicar ejercicio. Miles de personas gastan su dinero en llamadas a psíquicos en quienes confían les darán la clave para ser felices. Vemos libros de ocultismo que prometen despertar en un día el amor en otra persona a través de un rito mágico. Todo esto es falso.

Las cosas más valiosas de la vida se construyen. La salud, el conocimiento, el respeto, el cariño de los demás, el aprendizaje y una relación sana y estable, no surgen de un día para otro. Todas ellas requieren de la dedicación permanente. Se necesita desarrollar carácter y no remedios de cinco minutos. La vida nos invita a vivir un viaje permanente. No es necesario, ni suficiente tomar atajos. No encontraremos la verdadera riqueza al final del arco iris. No existe un mapa para el tesoro de la felicidad. Ésta se construye cuando aprendemos a disfrutar lo que poseemos, los momentos que vivimos y las personas de las que estamos rodeados y sobretodo, cuando nos aseguramos de vivir una vida con propósito.

Disfrutaremos de nuestro diario vivir en el momento en que dejemos de exigir a los demás que nos brinden felicidad y, paradójicamente, empezaremos a experimentar una felicidad verdadera cuando nos preocupemos por influir positivamente en la vida de aquellos que nos rodean; cuando entendamos que hemos recibido dones de parte de Dios para poder suplir necesidades y afectos en los demás. Cuando pongamos en acción, y sin reservas, ese gran potencial y habilidades que Dios ha depositado en nuestro cuerpo, mente y alma, estallaremos en un gozo que va más allá de las circunstancias. Dejaremos de vivir angustiados por no saber de dónde saldrá todo aquello que necesitamos y entenderemos que llegará como una consecuencia natural de dar lo mejor de nosotros en lo que sabemos y podemos hacer. Esto, sin duda alguna, estará relacionado con nuestra misión personal de vida.

No busque atajos para el éxito y la felicidad; simplemente atrévase a confiar en Dios. Sea conciente que Él no sólo le ha dado la vida, sino también las habilidades, herramientas y capacidad suficientes para que las desarrolle de una manera plena. Atrévase a ser usted mismo. Deje de tratar de complacer a todo el mundo actuando como dicta la publicidad y lo pregonan los medios. Mejor actúe escuchando las leyes que el Creador ha impreso en su corazón. Esas leyes que le dicen claramente lo que está bien y lo que no.

Todos sabemos, dentro de nosotros, qué es correcto y qué es incorrecto. Tenemos la capacidad para identificar cuáles caminos son atajos engañosos que sólo mermarán nuestro carácter y nos llevarán en una ruta descendente. El reto no descansa en distinguir entre lo bueno y lo malo, sino en atrevernos a hacer lo bueno y renunciar al camino incorrecto. El desafío está en confiar en Dios y en nosotros. Establecer el destino, trabajar para llegar a él, consultar constantemente la brújula para verificar que vamos bien, corregir y mantenernos en el camino adecuado.

Ambrose Bierce anotaba que el verdadero fanatismo consistía en redoblar nuestro esfuerzo una vez habíamos olvidado hacia donde es que nos dirigimos. No permita que esto le suceda. Verifique frecuentemente que acciones continúan siendo consistentes con su propósito de vida.

Plan de acción

Cuando nos hemos desviado

No siempre las cosas salen como las hemos planeado; sin embargo, esto no significa que estemos perdidos o que hayamos sido derrotados. Una desviación en el camino no implica que no llegaremos a nuestro destino. Simplemente nos obliga a tomar medidas correctivas para recuperar el rumbo nuevamente. El verdadero problema con las desviaciones no es que ocurran, sino que no nos demos cuenta que nos hemos desviado del camino inicial, y continuemos avanzando en la dirección incorrecta.

Si hemos identificado en nuestra evaluación que no nos hemos desviado del plan inicial o que no estamos avanzando a la velocidad requerida para lograr nuestro cometido, debemos hacernos las siguientes preguntas para re enfocarnos:

1. ¿Qué hizo que me desviara del camino?
2. ¿Qué puedo aprender para que no me vuelva a suceder?
3. ¿Qué puedo hacer ahora para retomar la dirección o el ritmo adecuado?
4. ¿Qué necesito cambiar respecto a mi manera de actuar, pensar y administrar mis actividades?
5. ¿Estoy seguro que esos cambios me llevan hacia mi meta?

6. ¿Necesito solicitar el apoyo de alguien?, ¿de quién?

Después de contestar las preguntas anteriores, anotemos nuevamente los objetivos menores con sus fechas límite. Recordemos que debemos ser específicos al anotar dichas metas. También es el momento de definir en la agenda cuándo tomaremos acción al respecto.

Hay un riesgo al que pocas personas prestan atención. Es un enemigo silencioso que, sin que nos demos cuenta, nos aleja de nuestras metas. Se llama "éxito aparente". Este tipo de éxito es aquél que nuestro grupo de amigos o conocidos nos aplaude porque es socialmente reconocido; pero no necesariamente es el que queremos y el que hemos establecido como nuestra meta.

He aquí el ejemplo de Martín. Desde su juventud su padre y él habían determinado que su profesión sería la de piloto aviador. Esto parecía más un deseo de su progenitor que de él mismo. Conforme pasó el tiempo y se graduó como capitán, este hombre se dio cuenta que no disfrutaba de su trabajo a pesar de que era bueno al realizarlo.

Su buen nivel de competencia le permitió obtener un empleo como piloto principal del jet de una importante industria. A los ojos de quienes le conocían, su carrera era exitosa. Sus ingresos incrementaban; convivía con personas de alto nivel; tenía un futuro prominente, pero su corazón no estaba satisfecho.

Era evidente que Martín no disfrutaba de su trabajo. De hecho, desde que comenzó sus estudios pudo ver que eso no era lo suyo. Él prefería la ingeniería mecánica, incluso de aeroplanos, pero no le agradaba ser piloto. Cuando estaba en tierra, entre hierros, motores y herramientas, se sentía excelente. Incluso su sueño se relacionaba más con tener un negocio propio que con volar aviones. El principal problema que enfrentaba no era con su padre, ya que había fallecido años antes. Su reto a vencer era que le estaba yendo muy bien como piloto. Estaba teniendo éxito. O mejor dicho, éxito aparente.

El verdadero éxito es aquél que obtenemos cuando estamos dispuestos a pagar el precio por lo que anhelamos; no por lo que otros dicen que debemos desear. Nuestra sociedad establece parámetros que nos muestran lo que se supone que debemos alcanzar. Sin embargo estos estándares están creados con base en intereses de otros. Caemos en la trampa de lo que los medios nos dicen, y dedicamos nuestra vida y energía para adquirir las cosas que según ellos nos darán "felicidad".

Así como el adolescente piensa que la felicidad consiste en vestir ropa y calzado de determinada marca; los adultos llegamos a creer que tener un auto último modelo, cierto saldo bancario, una casa determinada o inscribir a los hijos en una escuela de renombre, son la medida del éxito. Por increíble que parezca, muchos adultos caemos en ese absurdo juego que sólo beneficia a los comerciantes. Esto no significa que tener cosas materiales sea algo negativo, sino que está mal que creamos que allí encontraremos la felicidad o que pongamos como destino de nuestra vida sólo bienes materiales.

Si logramos tener un estado económico cómodo corremos el riesgo de conformarnos con él y confundirlo con haber llegado al destino. En este sentido, nos satisfacemos con algo bueno, pero dejamos de lado lo mejor, lo excelente.

EPÍLOGO

El final del camino

Nadie sabe hasta donde llega su camino, y ante tal incertidumbre, no nos queda mas que aceptar el reto de vivir intensamente cada día de nuestra vida. Nos guste o no, ya estamos en el camino y sólo nos queda decidir hacia dónde vamos y cómo vamos a recorrer el camino. Poseemos libertad para vivir como nos plazca. Podemos elegir el gozo o el llanto, dar o retener, sumar o restar, compartir o usurpar. Contamos con todo un catálogo de posibilidades cada día.

Todo el tiempo tomamos decisiones. Usted tomó la decisión de leer este libro y ha llegado hasta aquí. Recuerde que leer nos abre la mente pero no mueve nuestras extremidades. Es tiempo de actuar. Permita que los siete pasos que hemos expuesto en este pequeño manual para viajeros comprometidos le guíen a todo lo largo de su viaje. Establezca metas altas que reflejen sus sueños y su misión de vida, y que dejen una semilla o fruto en los demás.

Estamos convencidos que todas las personas pueden definir y redefinir su vida. Si no está totalmente satisfecho con su actual manera de vivir, puede cambiarla. Claro que sí. Por supuesto que eso implicará esfuerzo, decisión, disciplina e incluso algo de dolor. Cambiar no es sencillo, pero vale la pena pagar ese precio cuando del otro lado del camino está lo que deseamos.

La vida es muy corta, cien años son un respiro de Dios. Si compara el registro de la historia con el lapso de vida que tenemos, éste no es nada. Sólo tenemos una oportunidad de disfrutar y trascender. Únicamente contamos con esta ocasión para amar, abrazar, charlar, sentir el aire y el sol. Las cosas más valiosas de la vida son muy sencillas. Los pequeños detalles traen grandes satisfacciones. Invierta su tiempo en aquéllas actividades que le permitan sacar el máximo provecho del hoy.

Para nosotros, como autores, es un verdadero privilegio que haya tomado parte de su tiempo para leer este libro. Nuestro propósito es que con el pasar de las hojas se haya despertado en usted el deseo por vivir más plenamente, con mayor conciencia de sus posibilidades y de la inmensa responsabilidad que tiene delante: vivir su vida.

Queremos que forme parte de ese ejército anónimo de seres humanos dispuestos a vivir con responsabilidad y compromiso consigo mismo y sus semejantes. Estamos convencidos que existe muchísima gente dentro de esta milicia voluntaria. Somos parte de ellos y sabemos que usted también.

Leon Tolstoi perpetuó una gran verdad al afirmar que "todos queremos cambiar al mundo, pero nadie quiere cambiarse a sí mismo". Nuestra invitación es que cada uno de nosotros, incluido usted, querido lector, decidamos cambiar hoy mismo. La suma de esos cambios individuales nos llevará a compartir un planeta más noble y bondadoso. Sabemos que la vida no siempre es fácil; pero no la hagamos más complicada, volvámosla más sencilla.

Le invitamos a vivir con sencillez y transparencia; que de nuestras bocas salgan palabras que reflejen nuestros pensamientos y se conviertan en acciones. No busque culpables de su pasado, mejor encuentra posibilidades para su futuro. Si hubo daños, maltrato e injusticia, simplemente decida perdonar. Haga del perdón un acto de su voluntad, no de sus sentimientos. De nada servirá contar con culpables responsables de su desgracia, si eso hace que su desgracia continúe. Decida perdonarles y enfóquese en lo que sigue.

Viva hoy como si tuviera la garantía de que no llegará a mañana. Este día puede cambiar el presente y futuro de alguien más, sólo hay que dar una palabra de aliento a quien la necesita, un abrazo, un "te quiero", "gracias", "perdóname" o "te perdono". Exprese a sus seres amados lo que hay en su interior, siembre su corazón, su tiempo y sus talentos en ellos. En un par de minutos más puede hacer esto y transformar vidas, empezando con la suya.

Tome su mochila de sueños, invite a sus seres queridos a la travesía, consulte la brújula que le guía a su meta; hable constantemente con Dios, expóngale lo que hay en su mente y su corazón: logros, deseos, luchas y debilidades y continúe el viaje por el camino que ha determinado. Siembre en los demás y cosechará amistad y amor; siembre en su trabajo y obtendrá prosperidad económica; siembre en su cuerpo y segará salud; siembre en su familia y recibirá satisfacción, siembre en Dios y cosechará paz y eternidad.

Que tenga un buen viaje.

Sinceramente, sus compañeros de recorrido,

—Rafael y Camilo.